Tom Kenyon & Judi Sion

Lichtboten vom Arcturus

Mitteilungen einer aufgestiegenen Zivilisation, eingeleitet von den HATHOREN

Aus dem Amerikanischen von
Sarah Heidelberger & Thomas Görden

Titel der amerikanischen Originalausgabe:
THE ARCTURIAN ANTHOLOGY

Brandheiße Infos finden Sie regelmäßig auf:
www.facebook.com/AMRAVerlag

Besuchen Sie uns im Internet:
www.AmraVerlag.de

2. Auflage 2014

Eine deutsche Erstausgabe im AMRA Verlag
Auf der Reitbahn 8, D-63452 Hanau
Telefon: + 49 (0) 61 81 – 18 93 92
Kontakt: Info@AmraVerlag.de

Herausgeber & Lektor	Michael Nagula
Einbandgestaltung	FranklDesign
Layout & Satz	Birgit Letsch
Illustrationen	Rebecca Cook
Fotorechte	Judi Sion
Druck	Clausen & Bosse

Die Botschaften der Arcturianer (mit Ausnahme Esus)
wurden von Sarah Heidelberger übersetzt, alle anderen
Texte brachte Thomas Görden ins Deutsche.

ISBN Printausgabe 978-3-95447-144-7
ISBN eBook 978-3-95447-145-4

Inhalt

Maria Magdalena
gewidmet

*Wir danken Sanat Kumara und
ehren ihn für seinen Millionen Jahre dauernden
hingebungsvollen Dienst als Wächter der Erde
und der Milchstraße.*

Begegnungen mit Arcturianern

Begegnungen mit Arcturianern

Eine Einführung von Tom Kenyon

S ie werden hier etwas lesen, das wirklich *nicht von dieser Welt ist* – weil es sich um Wesen handelt, die eindeutig nicht von der Erde stammen, und weil, nun ... es sich um eine weit hergeholte Geschichte mit Charakteren aus anderen Welten handelt, die an Science-fiction grenzt.

Natürlich erscheint das, was für den einen fiktional ist, einem anderen als Wahrheit. Wahrnehmung ist immer relativ im Hinblick auf den Betrachter.

Als jemand, der objektive Wahrheit wertschätzt, finde ich es wirklich sonderbar, dass ich wieder einmal eine Einleitung für gechannelte Informationen schreibe.

Persönlich bevorzuge ich die solideren Welten der wissenschaftlichen Forschung und Logik. Der Grund dafür ist, dass sich diese Art des Wissens objektiv verifizieren lässt. Entweder etwas *ist* oder es *ist nicht*. Da gibt es keinen Mittelweg – außer natürlich wenn wir uns mit der Quantenphysik befassen, wo die Dinge ein bisschen verschwommen und unvorhersagbar werden können.

Gechanneltes Material unterscheidet sich von anderen Arten der Information. Manchmal lässt es sich objektiv verifizieren, manchmal auch nicht. Das hängt ganz davon ab, über welche Art von Informationen wir sprechen.

In diesem Fall sprechen wir von einer Gruppe intergalaktischer Reisender, die Arcturianer genannt werden. Jeder objektive Beweis ihrer Existenz ist bestenfalls paradox.

Ich werde in Kürze die Geschichte dieser Kontakte schildern. Bevor Sie aber diesen Bericht über meine persönliche Odyssee von der Skepsis zur Akzeptanz lesen, empfehle ich Ihnen dringend, sich das bereitzustellen, was ich die *Imaginationskiste* nenne.

Die Imaginationskiste ist ein mentales Hilfsmittel, das es Ihnen ermöglicht, Dinge herauszufiltern und beiseite zu legen, die Ihnen zu fremdartig erscheinen, als dass Sie sie zum gegenwärtigen Zeitpunkt für wahr halten können. Ich denke, es ist generell notwendig - insbesondere aber wenn Sie sich mit veränderten Bewusstseinszuständen beschäftigen -, etwas nicht nur deshalb als wahr zu akzeptieren, weil es Ihnen jemand gesagt hat oder es Ihnen selbst wahr erscheint.

Wenn ich oder die Arcturianer etwas sagen, das Ihnen nicht nachvollziehbar erscheint, werfen Sie es einfach in die *Imaginationskiste*. Akzeptieren Sie es nicht als wahr. Prüfen Sie es mit Ihrem logischen Verstand, Ihrer persönlichen Erfahrung und - das ist sehr wichtig - Ihren eigenen Wertvorstellungen.

Wie ich schon wiederholt gesagt habe, kann das Schlucken von Ideen, die man nicht ausreichend zerkaut hat, zu geistigen Verdauungsstörungen führen, gegen die es kein schnellwirkendes Antazidum[1] gibt.

Da Sie jetzt also mit Ihrer Imaginationskiste bewaffnet sind, können wir uns in das intergalaktische Labyrinth hineinwagen. Zwar handelt es sich in dieser Geschichte um Charaktere aus einer anderen Welt, doch fand meine erste Begegnung mit ihnen in der südfranzösischen Provinz Languedoc statt, in Sichtweite eines geheimnisvollen Berges namens Bugarach.

---

[1] Ein Antazidum ist ein Arzneimittel zur Neutralisierung der Magensäure, das etwa bei Sodbrennen oder saurem Aufstoßen verabreicht wird. - *Die Red.*

Zögernde Kontaktaufnahme

Es war ein stürmischer Tag in den französischen Pyrenäen, und das Tal war in dicke Wolken gehüllt, als ich meinen langsamen Aufstieg auf einen Bergkamm begann.

Ich wanderte oft diese Seite des Tals hinauf, weil die Pfade dort über das ganze Hochplateau führen. Die Ausblicke waren atemberaubend, und es hatte etwas Erhebendes, sich dort aufzuhalten.

Wie schon öfter war ich ganz verzaubert vom Netzwerk der vielen Pfade, und ehe ich mich versah, waren mehrere Stunden vergangen. Es war nun später Nachmittag. Die Sonne war hinter einer dunklen Wolkendecke verschwunden, als ich mich auf den Rückweg hinunter ins Tal machte.

Auf einem Felsvorsprung machte ich eine Pause und setzte mich hin, um die Aussicht zu genießen. Am anderen Ende des Tals sah ich den in dicke, dunkle Wolken gehüllten Gipfel des Bugarach. Dunstschleier schwebten über dem Tal unter mir, und der Wind toste mir in den Ohren.

In diesem Moment überkam mich das deutliche Gefühl, dass sich jemand in meiner Nähe aufhielt, und zwar genau vor mir. Zwar konnte ich ihn nicht mit meinen physischen Augen sehen, empfing aber eine deutliche mentale Wahrnehmung.

Ohne zu wissen, wie und woher, *wusste* ich, dass es sich um einen Arcturianer handelte, und ich fragte ihn, woher er kam.

Er antwortete, er komme aus einem arcturianischen Raumschiff, das vorübergehend im Berg Bugarach stationiert sei, und zeigte über das Tal zu der schroffen Felsformation.

Dann hörte ich ihn in meinem Kopf *sprechen*. Ich hörte ihn nicht mit meinen physischen Ohren, sondern wie die visuelle Wahrnehmung hörte ich auch seine Stimme innerhalb meines eigenen Geistes. Mit dem Brausen des Windes im Hintergrund ging von seinen ersten Worten eine Tiefe und Dringlichkeit aus, die weit über die bloße Bedeutung der Worte hinausging.

»Der Wind der Veränderung hat euch erfasst.«

Ärgerlich über diese vage Andeutung sagte ich: »Was genau soll das heißen?«

Er erwiderte ziemlich barsch: »Ihr und eure Welt machen eine Metamorphose durch.«

Das verärgerte mich noch mehr.

An dieser Stelle sollte ich, den Leserinnen und Lesern zuliebe, mein fortdauerndes Dilemma bezüglich meiner zahlreichen Begegnungen mit körperlosen Wesen näher erläutern, zu denen Engel, Erdbeschützer, Naturgeister, interdimensionale Wesen wie die Hathoren und nun offenbar auch noch Außerirdische zählen.

Viele dieser Wesen (aus den anderen Welten der Wahrnehmung) neigten dazu, sich sehr metaphorisch und vage auszudrücken, und ihre Worte vermittelten ein Gefühl der Dringlichkeit und Tiefgründigkeit. Ich war mit dieser Art von *archetypischem Tonfall* wohlvertraut, der stets etwas Überlebensgroßes hatte. Und ich hatte mir angewöhnt, in diesem Ton vorgebrachten Mitteilungen zu misstrauen, da nach so vielen Begegnungen mit Wesen aus anderen Dimensionen diese Art von metaphorischem kosmischen Jargon inzwischen wie ein Klischee wirkte, jedenfalls auf mich.

Dann, ohne sich von meiner Verärgerung abschrecken zu lassen, erzählte er mir Details über mein Leben und meinen *Auftrag*. Sein Timing hätte schlechter nicht sein können, denn ich befand mich gerade mitten in einem meiner intellektuellen Sumpfgebiete, wo ich alles infrage stellte. Und während ein Teil von mir spürte, dass das, was er mir erzählte, der Wahrheit entsprach, war der ganze Rest meiner Person wirklich verärgert über die Idee, es gäbe ganz allgemein irgendwelche *Aufträge*, und über das, was er mir im Speziellen sagte.

Was er mir über mich persönlich erzählte, ist für diese Geschichte nicht von Belang. Das, was als Nächstes geschah, aber sehr wohl.

Ich war wütend. Und ich erklärte ihm unmissverständlich, dass ich nur bereit war, diese lächerliche Konversation fortzusetzen, wenn er sichtbar vor meinen physischen Augen Gestalt annahm.

Er antwortete in einer Art Kauderwelsch, dass es zu viel Energie verbrauchen würde, sich auf mein Schwingungsniveau herab zu begeben. Er könne aber die Wolkendecke verändern und mir damit demonstrieren, dass er wirklich außerhalb meines eigenen Bewusstseins existierte.

Ich schaute zum Himmel auf, der völlig hinter dicken, dunklen Wolken verschwunden war.

Genervt, weil er mir auswich, fragte ich: »Und *was* schlägst du vor?«

»Ich werde die Wolken teilen und die Sonne sichtbar machen.«

Ich entgegnete, dass ich ihm dafür die Zeit geben würde, die ich brauchte, um vom Bergkamm ins Tal hinabzusteigen und nach Labadous zu gehen – und keine Minute länger.

Wütend über die ganze Angelegenheit ging ich zum Hauptweg zurück, der ins Tal führte. An der ersten von mehreren Serpentinen blickte ich hinauf in den Himmel.

Ungläubig sah ich, wie an einer Stelle in der Wolkendecke ein verschwommener Kreis erschien. Ich glaubte, meinen Augen nicht zu trauen. Dieser Teil des Himmels zeigte nun ein etwas helleres Grau als der Rest der Wolkendecke. Befand sich tatsächlich die Sonne auf der anderen Seite des wachsenden Kreises?

Bis heute ist mir nicht klar, warum ich das tat, aber ich ging schneller.

Wenn es sich hier tatsächlich um eine Demonstration arcturianischer Kräfte handelte, war ich nicht gewillt, großzügig zu sein. Ich war immer noch wütend wegen seiner archetypisch vagen Andeutungen und seiner ungebetenen Kommentare zur momentanen Phase meiner Lebensmission.

Noch während ich meine Schritte beschleunigte, wunderte ich mich über meine Reaktion.

Am Ende der ersten Serpentine blickte ich wieder in den Himmel. Ich war verblüfft.

Das ganze Tal lag unter einer dunklen, sich in alle Richtungen erstreckenden Wolkendecke, aber über mir war der Kreis größer geworden. Und da war eine schwache Andeutung einer dahinter liegenden leuchtenden Präsenz.

Jetzt fing ich an, die Bergflanke hinabzurennen, was nicht nur eine lächerliche Reaktion meinerseits darstellte, sondern obendrein wegen des losen Gerölls nicht ungefährlich war. Ein falscher Schritt, und ich wäre den steilen Abhang hinabgerutscht.

Als ich das Ende des Wanderweges erreichte, schaute ich nicht zurück.

Ich eilte geradewegs über eine große Wiese, die mich von Labadous trennte.

Normalerweise hätte ich den Weg genommen, der seitlich an der Wiese vorbeiführte, und wäre dann nach links in eine *Straße* eingebogen, die einst als Fuß- und Kutschpfad Labadous mit der alten Kleinstadt Rennes-les-Bains verbunden hatte.

Doch die kürzeste Entfernung zwischen zwei Punkten ist eine Gerade, kein Dreieck.

Ich wollte ihm so wenig Zeit wie möglich lassen, und so rannte ich über die Wiese genau auf die Bäume zu, die Labadous umgeben. Als ich zu der kleinen Brücke kam, die von der Wiese auf das Grundstück führt, schaute ich wieder hinauf in den Himmel.

Der Kreis aus Wolken war dünner geworden, und die Sonne ließ sich als schwacher Umriss deutlich ausmachen.

Das löste in mir einen intellektuellen Konflikt aus. Der Arcturianer hatte gesagt, er werde eine Öffnung in den Wolken erzeugen, durch welche die Sonne deutlich sichtbar sein würde. Dementsprechend konnte man sagen, dass die Sonne von keinerlei Wolkenschleiern mehr bedeckt sein durfte. Mich an diese winzige Möglichkeit klammernd, überquerte ich die Brücke in wenigen kurzen Sätzen und sprang die Außentreppe hinauf, die zu dem Apartment führte, wo ich mit Judi wohnte.

Als ich die Verandatür erreichte, durch die man in unser Quartier gelangte, blickte ich in den Himmel. Die Wolken innerhalb des Wolkenkreises waren noch dünner geworden. Ich konnte die Sonne deutlich sehen. Nur noch ein ganz zarter grauer Schleier lag davor, während überall sonst im Tal der Himmel weiterhin hinter einer dicken Wolkendecke verborgen war.

Jahre später fand ich heraus, dass dieser Arcturianer *Frephios* hieß. Doch bei dieser ersten Begegnung war mir das völlig gleichgültig. Schließlich war ich, psychologisch ausgedrückt, zu einer Schildkröte regrediert, die es vorzog, ihren Kopf in ihren Panzer zurückzuziehen, statt ihre gut ausgestattete Wahrnehmungskiste zu verlassen.

Wirbelnde Klänge

Kurze Zeit nach meiner sonderbaren Begegnung mit Frephios, dem Arcturianer, auf dem Bergkamm oberhalb von Labadous fing ich an, merkwürdige wirbelnde Klänge zu hören.

Wie die Stimme des Arcurianers hörte ich auch diese Laute nicht mit meinen physischen Ohren. Es handelte sich um mediale Hörempfindungen, das, was manchmal *Hellhören* genannt wird.

Diese seltsamen medialen Klänge hatten eine bewusstseinsverändernde Wirkung auf mich. Oft tauchten sie wie aus dem Nichts auf, während ich in der Umgebung von Labadous wanderte oder wenn ich meditierte.

Mehrere Tage, nachdem diese medialen Wahrnehmungen begonnen hatten, *wusste* ich, dass diese wirbelnde Klänge von dem arcturianischen Sternenschiff kamen, das vorübergehend im Berg Bugarach stationiert war.

Ich möchte von vornherein sagen, dass ich mit dieser Art von *Wissen* medial empfangene Informationen meine. Diese Art intuitiven Wissens habe ich schon damals nicht mit objektiv verifizierbaren Informationen in einen Topf geworfen, und so halte ich es bis heute.

Intuitive Erkenntnis ist eine interessante Fähigkeit der menschlichen Intelligenz und geht mit einer Art von emotionalem Aha-Gefühl einher. Dieses Gefühl intuitiver Richtigkeit muss nach meiner Erfahrung aber nicht bedeuten, dass die empfangenen Eindrücke wirklich der Wahrheit entsprechen. Ich habe schon mehrfach erlebt, dass ich eine starke intuitive Ahnung hatte, die sich dann aber als falsch erwies.

Dieser Prozess, zutreffende und genaue Informationen mit Hilfe unserer intuitiven Fähigkeiten zu erlangen, ist faszinierend und verdient es, sorgfältig untersucht zu werden. Doch um nicht zu sehr vom eigentlichen Thema abzuschweifen, werde ich mich kurz fassen.

Objektive Informationen sind mit Hilfe unserer fünf Sinne verifizierbar, oder – bei manchen wissenschaftlichen Experimenten – durch eine präzise Datenanalyse.

Intuitive Informationen lassen sich manchmal objektiv verifizieren, manchmal jedoch nicht.

Wenn ich meine Autoschlüssel verliere und den medialen Eindruck empfange, dass ich sie an einem Ort liegengelassen habe, wo ich sie normalerweise nicht ablege, lässt sich diese *mediale Erkenntnis* verifizieren, indem ich zu der Stelle gehe, die mir von der Intuition gezeigt wurde.

Die Existenz eines arcturianischen Sternenschiffs auf objektive Weise zu verifizieren ist etwas ganz anderes. Die Existenz eines solchen Dings ist dem Wesen nach nicht zu verifizieren, objektiv gesprochen. Oder, um es präziser auszudrücken, zum Zeitpunkt unseres ersten Kontakts konnte ich sie nicht verifizieren. Ich persönlich ordne solche unverifizierbaren medialen Erlebnisse und Erkenntnisse einer logischen Grauzone zu, die ich mit *Könnte-wahr-sein-oder-auch-nicht* überschreibe.

Es gehört zu den problematischen Seiten solcher starken medialen Eindrücke, dass ihnen oft eine große mentale/emotionale Eindringlichkeit zu eigen ist, dieses bereits erwähnte Aha-Gefühl. Aber dass sich etwas wahr anfühlt, muss nicht bedeuten, dass es auch wirklich wahr ist.

Das verdeutlicht eine merkwürdige Geschichte, die sich vor über drei Jahrzehnten ereignete.

Eine meiner Bekannten beschäftigte sich geradezu besessen mit der Möglichkeit außerirdischer Kontakte. Ihr ganzes Leben kreiste um dieses Thema. Als sie eines Nachts hinauf in den Sternenhimmel schaute, sandte sie ein Gebet an ihre kosmischen Brüder und Schwestern und bat inständig darum, von ihnen abgeholt zu werden. Genau in diesem Moment raste eine Sternschnuppe über den Himmel. Und die Frau verspürte ein starkes *mediales Wissen*, dass ihr Gebet beantwortet wurde. Wie zur Bestätigung empfing sie medial die genauen Koordinaten des Ortes, wo man sie abholen würde.

Sie kündigte ihre Arbeit und verkaufte ihren Besitz. Für ihr neues Leben im All würde sie das alles ja nicht mehr brauchen.

Dann fuhr sie hinaus in die Wüste von New Mexico und wartete. Sie wartete und wartete und wartete. Tagelang und nächtelang kampierte sie auf dem kahlen Wüstenboden, bis ihr Lebensmittel und Wasser ausgingen.

Ihre kosmischen Brüder und Schwestern kamen nicht und holten sie nicht ab.

Deprimiert und fast völlig pleite schaffte sie es irgendwie, nach Hause zu ihren Freunden und ihrer Familie zurückzukehren, die dachten, sie hätte den Verstand verloren.

Sie war Opfer des *Selbsttäuschungsfaktors* geworden, wie ich es nenne. Diese Art von geistiger Ungenauigkeit kann uns unterlaufen, wenn wir uns in unbekannte Territorien oder neue Wissensgebiete vorwagen. Jene, die mit veränderten Bewusstseinszuständen experimentieren, sind dafür besonders anfällig, solange sie ihre intuitiven Eindrücke nicht durch eine ebenbürtige Gegenkraft ausbalancieren – die Logik.

Wie bei so vielen Dingen im Leben ist auch hier die nötige Balance der Schlüssel.

Wie zentral wichtig diese Balance ist, zeigt sich übrigens schon an der Organisation unseres Gehirns. Wir Menschen haben einen in zwei Hälften geteilten Neocortex – im einen Teil denken wir logisch, während der andere eher intuitiv ist.

Ohne Zugang zu unserem intuitiven Potenzial zu leben, stellt eine geistige Verarmung dar. Doch ohne Zugang zu unserem logischen Potenzial zu leben ist ebenfalls eine geistige Verarmung, und in manchen Fällen ist es zudem dumm und gefährlich.

Mein Umgang mit diesem Thema ist so, dass ich offen für intuitive und mediale Wahrnehmungen bin, diese aber gegen verifizierbare Fakten und Informationen abwäge.

Und nun zurück zu den wirbelnden Klängen, die ich in meinem Geist hörte.

Ich war von diesen Lauten beeindruckt und stellte fest, dass ich in stark erweiterte Bewusstseinszustände versetzt wurde, wenn ich ihnen mit voller Aufmerksamkeit lauschte. Einige dieser erweiterten Zustände waren anregend und inspirierend, mit manchen jedoch kam ich nur schwer zurecht, weil sie mich energetisch überforderten.

Ich war fasziniert.

Auch überkam mich der starke Wunsch, diese medialen Eindrücke in einer Tonaufnahme einzufangen, was eine ziemliche Herausforderung darstellte, da sie sich nicht im hörbaren Frequenzbereich befanden.

Doch davon ließ ich mich nicht abschrecken. Ich baute mein transportables Tonstudio auf und begann Töne ins Mikrofon zu singen, die dem nahekamen, was ich innerlich hörte. Ich führte die Aufnahmen immer spät in der Nacht durch, wenn die Vögel in den Bäumen schlafengegangen waren. Ich arbeitete fieberhaft zwischen drei Uhr und Tagesanbruch, um die Klangschichten einzufangen, bevor die Vögel wieder aufwachten und den neuen Tag begrüßten.

Viele Nächte lang legte ich Stimme über Stimme. Wie viele Klangebenen genau ich aufnahm, weiß ich nicht mehr, aber das Ganze dauerte mindestens zwei Wochen. Manchmal während dieser Odyssee, und besonders dem Ende zu, gewann ich den Eindruck, dass der Arcturianer mich anleitete, damit meine stimmlichen Klänge möglichst genau den medialen Eindrücken entsprachen, die ich gehört hatte.

Als ich fertig war, hatte ich vierundzwanzig Einzelaufnahmen erstellt. Während der Schlussphase des Abmischens hatte ich das starke Gefühl, dass der Arcturianer neben mir stand. Nachdem er mir seine Zustimmung zur endgültigen Fassung signalisiert hatte, hörte ich mir die gut sechzig Minuten komplett an. Die Aufnahme kam dem, was ich innerlich gehört hatte, wirklich sehr nahe.

Ich nannte sie *Lightship*.[2]

Bis heute stellen sich bei mir, wenn ich die Aufnahme anhöre, immer wieder ähnliche Reaktionen ein wie damals, als ich diese medialen Klangimpressionen aus dem arcturianischen Sternenschiff zum ersten Mal hörte.

Ich finde es interessant, dass viele Leute von ähnlichen Reaktionen beim Anhören der Aufnahme berichten. Manche sagen, dass sie diese Klänge lieben, und andere sagen, dass ihnen das Zuhören schwerfällt. Bis heute gibt es Zeiten, da höre ich mir *Lightship* sehr gerne an und werde in expandierte geistige und körperliche Zustände versetzt. Zu anderen Zeiten muss ich die Aufnahme schon nach ein bis zwei Minuten abschalten.

Ich glaube, dass diese unterschiedlichen Wirkungen darauf zurückzuführen sind, dass wir unterschiedlich auf Schwingungsfrequenzen reagieren. Damit meine ich, dass bestimmte Töne und Timbres (Klangqualitäten) manche Menschen ansprechen, während andere sie als unangenehm empfinden. Nicht nur das, ich erlebe außerdem, dass ich mich, wenn ich mich in einer bestimmten geistigen Verfassung befinde, von einer bestimmten musikalischen Tonalität angezogen fühle. Befinde ich mich aber in einem anderen mentalen/emotionalen Zustand, empfinde ich diese Tonalität nicht als angenehm. Dann würde ich sie mir unter keinen Umständen anhören wollen. Ich schreibe all das der Relativität der Wahrnehmung zu – sowohl der Relativität der Wahrnehmung zwischen verschiedenen Menschen wie auch der Relativität

---

2   Diese betörende Musik erschien als CD auch in einer deutschen Ausgabe. Auf www.AmraVerlag.de finden Sie ausführliche Hörproben. – *Die Red.*

der Wahrnehmung zwischen meinen eigenen unterschiedlichen Schwingungszuständen (Gemütsverfassungen).

Nachdem das Aufnahmeprojekt abgeschlossen war, schien ich eine Art Vertrag mit den Arcturianern erfüllt zu haben, und so beschäftigte ich mich nicht weiter mit der Sache. Doch mein Abenteuer mit diesen rätselhaften Wesen hatte gerade erst begonnen.

Ein unerwarteter Ausflug

Mein nächster Kontakt mit den Arcturianern ereignete sich ebenfalls in Labadous, und zwar ungefähr ein Jahr später. Auch aus heutiger Sicht erscheint mir dieses Erlebnis immer noch merkwürdig und äußerst bizarr.

Ich hatte diese zweite Begegnung weder erwartet noch darum gebeten. Mit anderen Worten: Ich ging meinen eigenen Angelegenheiten nach.

Der Frühling hatte begonnen, und der Himmel war ein Hexenkessel widerstreitender Gewalten. Wilde Winde trafen aus unterschiedlichen Richtungen aufeinander und trieben weiße Wolkenfetzen vor sich her. Im Norden türmten sich schwarze, monströse Gewitterwolken bedrohlich auf, und der Himmel über mir wechselte zwischen leuchtend blau und heftigen Regenschauern.

Ich bewunderte fasziniert den Kontrast zwischen blauem Himmel und dicken Regentropfen, weil der Regen nicht von oben auf mich herabfiel. Er fiel etwa einen Kilometer entfernt aus den bedrohlichen Gewitterriesen.

An jenem Nachmittag unternahm ich eine meiner längsten Wanderungen auf dem alten Weg, der Labadous mit dem fernen Städtchen Rennes-les-Baines verbindet. Zwar führte dieser Weg nicht auf den von mir vorzugsweise besuchten Bergkamm, aber ich wanderte trotzdem gerne auf ihm.

Ich war zu einer Abzweigung gelangt, an der ein altes, verwittertes Holzschild den Weg nach Rennes-les-Bains wies. Wenn ich geradeaus ging, gelangte ich zu einem Bauernhof, dessen Land sich bis zum Fuß einer Felswand erstreckte, die das eine Ende des Tals flankierte.

Bog ich nach links ab und folgte dem Schild nach Rennes-les-Bains, erwartete mich ein langer, mäandernder Weg, der sich wie eine Schlange durch einen ausgedehnten Wald wand. Buschige Bäume standen dort, so weit das Auge reichte.

Ich wandte mich Rennes-les-Bains zu und ging durch den Buschwald. Nach einer kleinen Weile stieg der Weg steil an. Als ich stehenblieb und zurückschaute, staunte ich über das Naturschauspiel unten im Tal.

Ich weiß nicht, ob das wirklich der Fall war oder ob es sich nur um eine optische Täuschung handelte, aber mir kam es so vor, als befände ich mich in größerer Höhe als das kleine Bergdorf Rennes-le-Château, das ich in der Ferne sehen konnte.

Der Himmel war strahlend azurblau, hier und da mit weißen Wolkenfetzen geschmückt, die der Wind auseinandergetrieben hatte. Die bedrohlichen, finsteren Gewitterwolken im Norden türmten sich immer mehr auf, und der Donner rollte in Schockwellen über das Tal.

Dann hörte der Regen für einen Moment auf. Die Luft duftete nach dem frisch vom Himmel gefallenen Wasser. Und die Welt schien vollkommen.

Ich kehrte um und wanderte den Hügel wieder hinunter, in Richtung Labadous. Die Sonne ließ den westlichen Horizont in feurigem Rot und brillantem Gold erstrahlen. Als ich bei unserer kleinen Ferienwohnung eintraf, war die Sonne untergangen, und der besondere Zauber, den wir Abenddämmerung nennen, verwandelte das Tal.

Nach einem aus Kartoffeln und aufgewärmter Ratatouille bestehenden Essen lasen Judi und ich noch ein bisschen und gingen zu Bett.

Ermüdet von meiner nachmittäglichen Wanderung fiel ich in einen tiefen und traumlosen Schlaf. Kurz vor fünf Uhr morgens wachte ich auf. Ich wachte nicht einfach nur auf, sondern schreckte heftig hoch, das kann ich Ihnen sagen! Ich sah, wie die Anzeige der Digitaluhr auf Judis Nachttisch auf 5:00 sprang.

In diesem Moment passierte es. Ein *Teil* von mir wurde in Richtung des Berges Bugarach fortgezogen. Hätte ich nicht zuvor schon etliche ähnliche mediale Erlebnisse gehabt, wäre ich darüber sehr erschrocken gewesen.

Aber so blieb ich ziemlich ruhig. Ich *wusste*, dass ich an Bord des arcturianischen Sternenschiffes gebracht wurde, und ich *wusste*, dass mir nichts geschehen würde.

Auch befand ich mich im Vollbesitz meiner logischen Fähigkeiten und wägte ab, ob ich möglicherweise einen psychotischen Schub erlebte oder eine geistige Anomalie, die durch körperliche Überanstrengung ausgelöst worden war. Ungeachtet dieser Überlegungen strömten die medialen Eindrücke mit erhöhter Geschwindigkeit in mich ein.

Ich war mir durchaus bewusst, dass ich diesen veränderten Bewusstseinszustand jederzeit verlassen konnte, wenn ich das wollte. Aber wenn ich mich entspannte, wurden die medial empfangenen Eindrücke lebhafter und intensiver.

Im einen Moment lag ich im Bett, verwirrt von den auf mich einströmenden medialen Eindrücken, und im nächsten Moment war ich mir des Schlafzimmers nicht mehr bewusst.

Ich befand mich eindeutig im Inneren des Sternenschiffes, oder jedenfalls kam es mir in meinem veränderten Bewusstseinszustand so vor.

Ich wurde von dem Arcturianer begrüßt, dem ich bereits zuvor begegnet war – jenem, der oben auf dem Bergkamm mit mir gesprochen und mir später geholfen hatte, die Klänge von *Lightship* aufzunehmen.

Frephios begegnete mir ganz nüchtern, als geschähe nichts Außergewöhnliches. »Folgen Sie mir«, sagte er.

Er führte mich durch einen langen Gang. Etwas Vergleichbares hatte ich noch nie gesehen. Es war eine lange Röhre, deren runde Wände mit erstaunlichen Schriftzeichen bedeckt waren. Diese Schriftzeichen faszinierten mich, und ich streckte den Arm aus, um eines zu berühren.

Frephios hielt meine Hand zurück und sagte: »Nicht anfassen.«

Unser Weg schien mehrere Minuten zu dauern, dann blieb Frephios stehen und berührte eine Reihe von Schriftzeichen an der Wand.

Wie die Blende einer Kamera öffnete sich eine runde Tür. Frephios bedeutete mir, dass ich durch dieses Portal gehen sollte.

Die Öffnung schloss sich hinter uns wieder, und nichts deutete an der Wand auf ihr Vorhandensein hin.

Ich befand mich nun in einer Art Schiffsmesse. Dort hatte sich eine Gruppe von Charakteren versammelt, die mich an die Barszene aus dem Kinofilm *Krieg der Sterne* erinnerte.[3]

Mein arcturianischer Gastgeber forderte mich auf, an einem freien Tisch Platz zu nehmen. Dann ging er zu einem Tresen, wo er aus einem Gerät ein Getränk in einen Becher füllte.

»Trinken Sie das«, sagte er. »Es hilft, Ihr Energiefeld zu stabilisieren.«

Ich muss ihn ziemlich begriffsstutzig angeschaut haben, denn er fügte hinzu: »Wenn Sie nicht etwas zu sich nehmen, was die gleiche Schwingungsrate wie dieses Schiff hat, werden Sie nicht lange hierbleiben können.«

Er forderte mich mit einer Handbewegung zum Trinken auf. Die Flüssigkeit schmeckte merkwürdig süß und ansonsten völlig undefinierbar. Während ich trank, fiel mir jemand an einem Nachbartisch auf. Dieser Jemand – oder vielleicht sollte ich sagen, dieses *Etwas* – war, wie sich später herausstellte, kein Arcturianer.

Er wirkte wie eine Kreuzung aus einem Menschen und einem riesigen Hummer. Seine Züge waren eindeutig menschlich, mit der Ausnahme, dass sein kahler und runder Kopf nur ein einziges

---

3   Tom Kenyon bezieht sich auf den ursprünglich ersten Film der *Star Wars*-Saga von George Lucas, der 1977 als *Krieg der Sterne* in die deutschen Kinos kam. Heute ist er als *Episode IV: Eine neue Hoffnung* bekannt. – *Die Red.*

riesiges Auge in der Mitte aufwies. Ah ja, sagte ich mir, eine Art Zyklop also.

Doch einer seiner massigen Arme ähnelte der Schere eines Krebstieres.

Ich konnte den Blick nicht von ihm abwenden.

Er stand auf und kam zu meinem Tisch herüber. Er war riesig, vielleicht drei Meter groß. Und er wirkte ziemlich erregt.

Mit dröhnender, rauer Stimme sagte er: »Sie ... finden also, dass ich komisch aussehe?«

Die Gespräche im Raum verstummten. Alle Blicke waren plötzlich auf mich gerichtet.

»Zugegeben, das stimmt«, entgegnete ich. »Aber dann nehme ich an, dass ich für Sie auch ziemlich komisch aussehen muss.«

Er grinste, und alle brachen in Gelächter aus.

Frephios sagte: »Es wird Zeit, dass ich Sie dem Kapitän vorstelle.«

Ich folgte ihm zum anderen Ende des Raumes, wo er einige Schriftzeichen an der Wand berührte. Wieder öffnete sich eine dieser an Kamerablenden erinnernden Türen, und er führte mich durch einen anderen langen Gang.

Ich fragte ihn, welchem Burschen ich da eben begegnet war.

»Oh, er ist der Navigator.«

»Der Navigator?«, fragte ich ungläubig.

»Ja, allerdings. Es gibt hier auf diesem Schiff viele Besatzungsmitglieder. Und einige von ihnen sind keine Arcturianer.«

Am Ende des Ganges berührte mein Gastgeber wieder einige Schriftzeichen. Durch die sich öffnende Türblende betraten wir einen kleinen Konferenzraum mit einem langen, schmalen Tisch und vielleicht einem Dutzend Stühlen. Ein anderer Arcturianer, offenbar der Kapitän, betrat mit einem kleinen Gefolge den Raum.

»Wie ich sehe, wirkt der stabilisierende Trank«, sagte der Kapitän.

»Sie meinen, das Getränk, das mir in der Messe verabreicht wurde?«, fragte ich.

»Ja, genau«, antwortete er. »Da Ihr Energiekörper jetzt auf der Frequenz des Schiffes stabilisiert ist, werden Sie etwas länger hierbleiben können. Wenn die Wirkung der Flüssigkeit nachlässt, werden Sie das Schiff verlassen müssen. Bis dahin werde ich Ihnen die Brücke zeigen und Ihnen einen Eindruck vermitteln, wie es hier bei uns zugeht. Aber zunächst muss ich Sie etwas fragen.«

»Was denn?«

»Ich glaube, dass Sie und ich unterschiedliche Ansichten über die Natur des Mitgefühls haben. Ich möchte Ihnen eine Aktion beschreiben, die ich als Kapitän dieses Sternenschiffes anordnete, und Sie sagen mir, ob diese Handlung mitfühlend war oder nicht.«

Seine Bitte verblüffte mich, aber dennoch sagte ich: »Einverstanden.«

»Vor ein paar Monaten, nach Ihrem Zeitverständnis, befanden wir uns auf Patrouillenfahrt am äußeren Rand Ihres Sonnensystems. Unsere Mission in diesem Quadranten besteht darin, die Erde vor bösartigen, feindlichen intergalaktischen Reisenden zu beschützen.

Wir entdeckten ein Sternenschiff aus einer anderen Galaxie, das sich im fünfdimensionalen Raum verbarg. Aus der Tatsache, dass es sich bei ihnen um ›Fresser‹ handelte, schloss ich, dass sie eine unmittelbare Bedrohung für Ihren Planeten darstellten.«

»Fresser?«, fragte ich.

»Ja. Diese Geschöpfe ernähren sich von negativen Emotionen, menschlichen Emotionen, und auch den Emotionen aller anderen fühlenden Wesen. Aber sie fressen nicht nur negative Emotionen, Angst zum Beispiel, sondern sie erzeugen obendrein gerne Konflikte. Auf Ihrem Planeten gibt es schon genug störende intergalaktische Einmischungen. Eine zusätzliche Verschlimmerung der Lage, von diesen unangenehmen Typen verursacht, hätten Sie nun wirklich nicht gebrauchen können.«

»Was geschah also?«, fragte ich.

»Sobald wir sie aufgespürt hatten, eröffneten sie ohne Vorwarnung das Feuer.«

»Was haben Sie getan?«, fragte ich.

»Ich ging zum Gegenangriff über, und mit unserer überlegenen Feuerkraft schoss ich ihr Schiff schrottreif. Um sicherzustellen, dass es keine Überlebenden gab, die Ihre Welt hätten infizieren können, pulverisierte ich ihr Schiff in subatomare Partikel.«

Er schien zu spüren, dass mir die Sache missfiel, und sah mir direkt in die Augen. »Glauben Sie, dass ich in dieser Sache mitfühlend gehandelt habe?«, fragte er in herausforderndem Tonfall.

»Da bin ich mir nicht sicher.«

»Nun, ich bin es«, sagte er. »Mitgefühl ist immer situationsabhängig. Und es war weitaus mitfühlender von mir, diese intergalaktische Bedrohung auszumerzen, als ihnen zu erlauben, Ihren Planeten zu infizieren, oder irgendeinen anderen Planeten.«

»Darüber muss ich erst einmal nachdenken«, sagte ich.

»Tun Sie das!« Wieder lag etwas Herausforderndes in seinen Worten. »Wenn Sie mich jetzt entschuldigen, ich habe andere Verpflichtungen. Bevor Sie uns wieder verlassen müssen, wird Ihr Führer Ihnen die Brücke zeigen. Ich denke, das wird sehr interessant für Sie werden.«

Frephios führte mich auf die Brücke, wo wir ironischerweise den Navigator trafen, dem ich ja bereits begegnet war. Er blickte auf, als wir eintraten, und wirkte nun wesentlich entspannter. Mir schien, er lächelte sogar ein wenig.

»Sie haben gut reagiert in der Schiffsmesse«, flüstere mein Führer. »Zu erkennen, dass Sie für ihn ebenso seltsam aussehen müssen wie er für Sie – das war ausgezeichnet.«

Dann zeigte der Arcturianer mir mit Hilfe des Navigators das Navigationssystem des Sternenschiffes. Zentrales Element des Systems war ein großes visuelles Display mit Icons, die die Position des Schiffes im dreidimensionalen Raum ebenso anzeigten wie seine dimensionale Position, das heißt also, die Dimension, in der es sich gerade aufhielt.

Anschließend wurde ich zum Steuerstand geführt. Der Pilot steuerte das Schiff ausschließlich mit Gedankenkraft. Ein Interface zwischen dem Bewusstsein des Piloten und der Intelligenz des

Sternenschiffes ermöglichte es dem Piloten, das Schiff entsprechend seinen Absichten zu bewegen. Es gab keinerlei äußerlich sichtbare Steuerungseinrichtungen.

Mir schien, dass mein Aufenthalt auf dem arcturianischen Schiff nun schon viele Stunden andauerte, und ich fing an, müde zu werden. Vielleicht ließ die Wirkung des Tranks nach. Auf jeden Fall spürte ich eine zunehmende Erschöpfung.

Ich erinnere mich nicht, wie der Übergang von dem Sternenschiff zurück in mein Schlafzimmer vor sich ging, aber es geschah sehr rasch. Im einen Moment befand ich mich an Bord des Schiffes, im nächsten lag ich auf unserem Bett. Zwar rang mein logischer Verstand mit dem Erlebnis, aber gleichzeitig staunte ich über die Lebhaftigkeit der Eindrücke von Bord des Schiffes und der Begegnung mit dem Kapitän.

Ich schaute auf die Uhr, die auf Judis Nachttisch stand. Sie war um fünf Uhr stehengeblieben. Ich starrte sie einen Moment an, registrierte, dass sie nicht mehr lief, und schlief dann ein.

Als ich aufwachte, stand die Uhr immer noch auf 5:00. Ich setzte sie wieder in Gang und stellte sie neu.

Die Channeling-Sitzungen

Sie werden nachfolgend das Transkript von Channeling-Sitzungen lesen, die im Verlauf mehrerer Monate stattfanden. Wenn Sie die *Worte* der einzelnen Arcturianer lesen, werden Sie sicherlich bemerken, dass sie alle ihre eigene Persönlichkeit und Sichtweise über die Natur der Realität und uns Menschen besitzen, und ebenso bezüglich der arcturianischen Potenziale.

Doch ehe Sie sich mit der arcturianischen Perspektive vertraut machen und die entsprechenden Kapitel dieses Buches lesen, lade ich Sie ein, Ihre Imaginationskiste bereitzustellen.

Auch müssen Sie wissen, dass Worte für die Arcturianer nicht das bevorzugte Medium sind, um Ideen zu kommunizieren.

Sie bevorzugen die *telepathische Holografie* – ein interessantes mediales Phänomen, bei dem Informationen in ihrer Gesamtheit medial übermittelt werden.

Während der Channeling-Sitzungen äußerten sich mehrere Arcturianer zu der primitiven Natur unserer Sprache.

Das hat zum Teil mit der Geschwindigkeit zu tun, in der Informationen übermittelt werden können. Was ein Arcturianer in einer Nanosekunde einem anderen Arcturianer übermitteln kann, benötigt, wenn man es in Worte fasst, eine Stunde oder mehr. Und das gesprochene Wort kann niemals den vollen Umfang arcturianischer telepathischer Hologramme erfassen.

Ein anderes interessantes Paradox im Zusammenhang mit der arcturianischen Kommunikation hat mit der Zeit zu tun.

Unsere Sprache beruht auf dem Gebrauch der Zeiten – Gegenwart, Vergangenheit und Zukunft. Wir verorten alle Ereignisse und Situationen in der Zeit.

Arcturianer jedoch betrachten Ereignisse und Situationen simultan aus vielfältigen Blickwinkeln.

Wenn sie sich mit etwas beschäftigen, das gegenwärtig stattfindet, *sehen* sie dieses Ereignis in Bezug zu Vergangenheit und Zukunft – mit allen Variablen.

All das betrachten Arcturianer simultan, da sie aufgrund ihrer Natur als höherdimensionale Wesen Gegenwart, Vergangenheit und Zukunft zur selben Zeit wahrnehmen können.

Nur beim Abstieg in die dreidimensionale Realität – dorthin, wo wir leben – macht die lineare Abfolge der Zeit Sinn.

In der Sitzung, in der *Ektara*, ein arcturianischer Wissenschaftsoffizier, seine Sicht der Dinge mitteilte, gab es einen humorvollen Augenblick.

An einer Stelle seiner Übermittlung fing Ektara plötzlich an zu lachen. Er hatte soeben den Grund für unsere Syntax entdeckt, also dafür, wie wir unsere Sätze aufbauen und mit Hilfe von Satzzeichen kleine Informationsabschnitte von anderen kleinen Informationsabschnitten trennen. Er fing sogar an, diese

Satzzeichen zu diktieren, hier ein Komma und dort eine Klammer einzufügen.

Eine der eindrucksvollsten Durchgaben während des Channelings kam von einem Arcturianer, der sich selbst Sanat Kumara nennt. Er äußerte seine Sicht der Dinge eloquent und leidenschaftlich. Doch was meine Aufmerksamkeit besonders auf sich zog, war seine persönliche Energie. Ich betreibe diese Arbeit (Channeling) seit mehr als zwei Jahrzehnten, und normalerweise lege ich mich dabei hin, um tiefer in einen empfangsbereiten Trancezustand zu gelangen.

Doch als Sanat in mein Energiefeld eintrat, empfing ich einen enormen Energieüberschuss. Ich konnte nicht liegen bleiben. Ich musste mich aufsetzen, und mehr als einmal ging ich im Zimmer auf und ab, während ich seine Worte diktierte. In Kontakt mit einem so energievollen Wesen zu treten, war überaus anregend. Aber nach dem Ende einer Sitzung musste ich mich häufig hinlegen und ein wenig ausruhen.

Jeder Arcturianer in dieser Anthologie teilt uns seine einzigartige Sicht der Dinge mit, und ich nehme an, dass alle Leserinnen und Leser darunter solche finden werden, die ihnen persönlich besonders sympathisch sind. Für mich war Frephios besonders faszinierend, der damals auf dem Bergkamm oberhalb von Labadous den ersten Kontakt zu mir aufnahm.

Ich finde es immer wieder interessant, wie unterschiedlich die Leute bestimmte Ereignisse wahrnehmen und betrachten. Bei Frephios ist das auf besonders anrührende und zugleich besonders amüsante Weise der Fall.

Abschließende Gedanken

Manche Ideen können Katalysatoren für persönliches Wachstum und Evolution sein, ungeachtet ihrer Herkunft.

Auch denke ich, dass manche Ideen von Natur aus radikal sind, was bedeutet, dass sie unsere Wahrnehmung der Wirklichkeit verändern können.

Nehmen wir ein Beispiel aus der Geschichte der Physik: den Wandel von der ausschließlich auf der Newtonschen Physik beruhenden Wirklichkeitswahrnehmung hin zur Öffnung für die radikale Idee der Quantenphysik. Auf einen Schlag wurden die unserer Alltagswelt zugrundeliegenden »Gesetze« (die Newtonsche Physik) buchstäblich auf den Kopf gestellt. Im Widerspruch zur soliden Vorhersagbarkeit und Logik der Newtonschen Realität trat ein aufmüpfiger Emporkömmling (namens Quantenmechanik) auf den Plan, der die subatomaren Bereiche der Realität untersucht und erkannt hatte, dass sie weder vorhersagbar noch logisch sind.

In Wahrheit existieren diese beiden Welten (Newtonsche Physik und Quantenmechanik) ziemlich gut Seite an Seite. Nur benötigten die Physiker ein paar Jahrzehnte, um genügend Experimente durchzuführen, mit denen verifiziert werden konnte, dass beide Theorien richtig sind, und zwar abhängig davon, welche Realitätsebene (nämlich die Makroebene oder die Mikroebene) man untersucht. So konnten sie solche revolutionären Konzepte wie die Quantentheorie in ihr Denken integrieren.

Es braucht eben seine Zeit, bis radikale Ideen in den gesellschaftlichen Mainstream integriert sind. Während manche katalytischen Ideen, wie die Quantentheorie, wissenschaftlicher Natur sind, haben andere vor allem gesellschaftliche Konsequenzen. Die Idee, dass alle Menschen mit unveräußerlichen Rechten geboren werden, war noch vor wenigen Jahrhunderten ein ausgesprochen radikales Konzept.

Manche radikalen Ideen erfordern es, Geschichte neu zu betrachten. Dazu zählt die Erkenntnis, dass keineswegs Kolumbus Amerika entdeckte, da Nord- und Südamerika schon lange vor dem späten 15. Jahrhundert von den indigenen Völkern entdeckt und besiedelt worden war.

Heute, zu Beginn des 21. Jahrhunderts, müssen wir durch die Fortschritte in Wissenschaft und Technik neue radikale Ideen in immer größerem Tempo aufnehmen und integrieren. Tatsächlich leiden viele von uns unter dem, was der Zukunftsforscher Alvin Toffler als *Zukunftsschock*[4] bezeichnete: Wir erleben zu viele Veränderungen in zu kurzer Zeit.

Aber ob wir uns von den vielen Veränderungen, die um uns herum stattfinden, nun psychologisch überfordert fühlen oder nicht, unsere kollektive Realitätswahrnehmung und unsere Zukunft werden, mit allen Vor- und Nachteilen, immer stärker von Wissenschaft und Technik geformt.

Und genau in dieser Hinsicht finde ich die arcturianische Perspektive besonders interessant. Wenn man die Auffassung akzeptiert, dass es sich bei den Arcturianern um eine technologisch fortschrittliche und höherdimensionale intergalaktische Zivilisation handelt, könnte sich ihre Sicht auf uns und unsere Möglichkeiten als hilfreich erweisen.

Zumindest können diese radikalen arcturianischen Ideen uns dabei unterstützen, den engen Horizont unserer konditionierten Wahrnehmung zu erweitern.

Während ich am letzten Teil dieser Einleitung schrieb, hatte ich eine interessante Begegnung. Wir waren in Manhattan mit Freunden zum Dinner verabredet, und sie kamen mit einem Taxi aus Brooklyn und holten Judi und mich ab. Auf der Fahrt zum Restaurant kamen wir mit dem Taxifahrer ins Gespräch. Es verblüffte uns, dass er genau wusste, in welcher kleinen Seitenstraße das Restaurant liegt.

Er erzählte daraufhin, dass er seit achtzehn Jahren Taxi fährt. In der Anfangszeit hatte er sich stets geweigert, Fahrten hinüber nach Manhattan zu übernehmen. Wenn jemand ihn bat, dorthin zu fahren, lehnte er ab. Er sagte, er hätte einfach Angst davor gehabt, in dieser Riesenstadt zu fahren.

---

[4] Alvin Toffler, geboren 1928 in New York City, ist ein amerikanischer Futurologe, der sich besonders mit der Informationsüberflutung und zunehmenden Stärke der Militärtechnologie beschäftigt. Bereits 1970 erschien sein Buch *Der Zukunftsschock*, das besonders den Wandel der Gesellschaft aufgrund technologischer Innovationen thematisierte. Er war auch eine große Inspiration für die Techno-Musik in Detroit und das literarische Genre des Cyberpunk. – *Die Red.*

Dann winkte ihn eines Tages eine Frau heran. Als sie sagte, dass sie nach Manhattan wollte, sagte er, das sei nicht möglich. Sie fragte warum, und er antwortete, er sei noch nie dort gewesen und habe Angst, sich zu verfahren.

Sie entgegnete, sie wohne unmittelbar auf der anderen Seite der Brücke. Alles, was er tun müsse, sei über die Brücke zu fahren, sie abzusetzen und einen U-Turn zu machen. Und so fuhr er an diesem Tag zum ersten Mal von Brooklyn hinüber in die Metropole Manhattan.

Was mich beeindruckte, war, wie er über diesen besonderen Augenblick in seiner Vergangenheit dachte. Er sagte, ich zitiere: »Als ich über diese Brücke fuhr, brach ich aus meinem bisherigen Denkmuster aus, und von da an hatte ich kein Problem mehr damit, nach Manhattan zu fahren.«

Ich glaube für manche, wenn nicht für viele von uns liegt die arcturianische Perspektive weit außerhalb unserer Komfortzone, oder besser gesagt, unserer vertrauten Zone. Wenn Sie zu diesen Menschen gehören, empfehle ich, dieses Material portionsweise zu lesen. Machen Sie danach jedes Mal einen mentalen U-Turn und kehren Sie wieder in ihr vertrautes Realitätsgefühl zurück. Denken Sie über das nach, was Sie gelesen haben, und greifen Sie das auf, was Ihnen wertvoll und nützlich erscheint. Was Sie nicht wertvoll finden oder zu sonderbar, um überhaupt darüber nachzudenken, werfen Sie einfach in Ihre Imaginationskiste.

Die Reise der persönlichen Transformation kann viele Formen annehmen und über viele Wege verlaufen. Für mich persönlich gehören die Botschaften der Arcturianer, die Sie hier nachlesen können, zum hintergründigsten und bewusstseinserweiterndsten Material, auf das ich je gestoßen bin.

Ich wünsche Ihnen aufrichtig eine gute Reise.

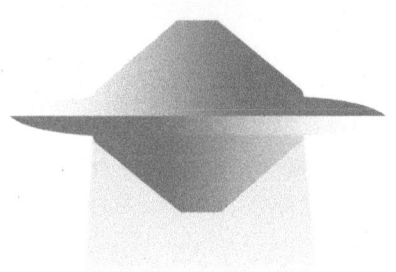

Am Anfang

von Judi Sion

>*Mein eigener Geist ist meine Kirche. Alle nationalen kirchlichen*
Institutionen, seien sie jüdisch, christlich oder türkisch, scheinen mir
lediglich menschliche Erfindungen zu sein, eingerichtet,
um der Menschheit Angst einzujagen und sie zu versklaven und
um Macht und Profit zu monopolisieren.«
Thomas Paine, Das Zeitalter der Vernunft

Ich stellte von Jugend an die Religion infrage. Sie erschien mir offenkundig absurd, schon als Kind. Die ganze Idee war nicht nur absurd, sondern eine Beleidigung für Intelligenz, Logik, Vernunft und die Freiheit des Denkens.

Als Heranwachsende las ich wieder und wieder Thomas Paines *Zeitalter der Vernunft*,[5] da es, durch eine seltsame Gnade des Schicksals, eines der beiden einzigen Bücher waren, die bei uns im Badezimmer lagen. Hier muss eine großartige Hand im Spiel gewesen sein – die meiner Mutter war es sicher nicht.

---

[5] Thomas Paine (1736-1809) war einer der Gründerväter der USA. Er setzte sich vehement gegen die Sklaverei ein und beeinflusste durch sein Werk entscheidend die Unabhängigkeitserklärung. Seine Schrift *Age of Reason* erschien auf Deutsch erstmals 1851 im Leipziger Verlag Mathes als *Zeitalter der Vernunft* und ist kaum noch zu finden; allerdings gibt es inzwischen gratis downloadbare deutsche eBook-Versionen seiner wichtigsten Schriften im Netz. – *Die Red.*

Paines Logik schien mir unwiderlegbar, wobei ich aber in einem zentralen Punkt nicht mit ihm übereinstimme. Darauf werde ich hier nicht näher eingehen, weil jeder Mensch diese letzte Entscheidung in der Stille seines eigenen Geistes und Herzens treffen muss.

Als ich alt genug war, um Thomas Paine zu verstehen, hatte ich bereits jene Systeme beobachtet, am eigenen Leib erfahren und verachten gelernt, die benutzt werden, um unser Denken und Handeln zu kontrollieren. In den Südstaaten, wo ich aufwuchs, wurden den Menschen bestimmte Verhaltensweisen aufgezwungen, indem man in ihnen Scham und Schuldgefühle weckte. Diese Kontrollinstrumente dienen zur Folter von Geist und Herz. Sie wurden von Eltern und anderen Autoritätspersonen erdacht, die ihrerseits auf die gleiche Weise erzogen worden waren. Man mochte nicht glauben, dass die Menschheit fähig ist, »gut um des Guten willen« zu sein, und deshalb wurde die »Angst vor Gott« geweckt und im Bewusstsein verankert.

Wie lässt sich ein Zyklus beenden, der so fest und mit so viel Hinterlist eingerichtet wurde?

Letztlich werden die meisten von uns durch dieses System *gebrochen*, und so akzeptieren wir schließlich die Trense im Mund und die Scheuklappen. Uns wurde gesagt, was existiert und was nicht, und darüber blicken wir nicht hinaus. Wir werden Packpferde für die Glaubensüberzeugungen anderer Leute. Und die meisten von uns tragen die Last, die andere uns aufgebürdet haben, ein Leben lang mit sich herum.

Wären jene Leute, die so fest an die Religion glaubten, Vorbilder an Tugendhaftigkeit gewesen, hätte ich es vielleicht etwas länger am Brunnen des Dogmas ausgehalten. Aber ich machte die Erfahrung, dass sie sich selbst nicht an das hielten, was sie anderen predigten, und das schließt einige der bekanntesten Fernsehevangelisten ein, die zu kennen ich das Missvergnügen hatte. Sie predigen eine Doktrin, nach der sie selbst nicht leben, und das kann ich nicht tolerieren.

Dummköpfe und Heuchler habe ich noch nie gut ertragen können.

Daneben machte ich als Kind noch einige andere Erfahrungen. Es gab bei uns keine Kleinstadt, nicht einmal ein Dorf. Ich wuchs mitten im Nichts auf, in den Tabakfelder von Virginia. Es gab im Umkreis von über sechzehn Kilometern keine anderen Kinder.

Der Wind war mein Freund, und der Wald sprach zu mir, bis mir gesagt wurde, dass sei unmöglich.

Eines Nachts erschienen drei leuchtende Orbs am Fußende meines Bettes. Diese Geschichte habe ich in *Das Manuskript der Magdalena*[6] erzählt, daher will ich hier nur die Bedeutung erwähnen, die sie für mich hatte. Es wird eben zunehmend schwerer, der Parteilinie zu folgen, wenn man dazu im Widerspruch stehende persönliche Erfahrungen macht.

Für das Paranormale habe ich mich immer schon interessiert. Es verwirrte mich also nicht der Gedanke, dass es Dinge geben könnte, die unser Verstand nicht zu begreifen vermag.

Was mir Unbehagen bereitete, war das Thema Gott.

Wessen Gott?

Weshalb sollte Gott eifersüchtig sein?

Warum wollte dieser Gott angeblich nicht, dass seine Kinder wohlhabend sind?

Und warum, um alles in der Welt, machte man einer Frau Vorwürfe, weil sie nach Erkenntnis strebte und einen Apfel aß?

Was diese Metapher uns sagen soll, entzieht sich mir völlig.

Und dann ist da das Problem der Gerechtigkeit und des freien Zugangs.

Warum soll ein Kind aus einem entlegenen Land für immer in der Hölle schmoren, nur weil es keinen Zugang zur Lehre Jesu Christi hat? Das ist die Botschaft des evangelikalen Christentums und die Begründung der Missionare dafür, dass sie anderen ihr Glaubenssystem aufzwingen!

---

6   Das Buch erschien im Koha Verlag und ist auch bei Amra erhältlich. – *Die Red.*

Warum kann nicht jedes Kind ein ehrenwertes Leben in Freiheit und ohne Angst führen und anschließend in eine Dimension der Fülle hinübergehen, statt in der ewigen Verdammnis schmoren zu müssen, nur weil es noch nie von Jesus Christus gehört hat?

Welcher liebevolle Schöpfer würde ganze Städte auslöschen und alle ihre Bewohner töten?

Das erinnert mich an einen katholischen Bischof, der auf die Frage antwortete, warum er eine Kirche anzünden ließ, in der gute Katholiken ebenso wie jene versammelt waren, die er für katharische Häretiker hielt: »Lasst sie alle brennen. Gott weiß schon, welche die Seinen sind.«

Was ist das für ein Gott, der von seinen Geschöpfen verlangt, dass sie ihren eigenen Nachkommen das Leben nehmen, nur um ihm ihre Liebe zu beweisen?

Alle Psychotherapeuten, die ich kenne, würden einem derartig paranoiden, arroganten, anmaßenden und narzisstischen Wesen mit multipler Persönlichkeitsstörung keine gute Gesundheitsdiagnose ausstellen.

Mein Leben ist eine biologische Tatsache, keine theologische.

Verstehen Sie mich nicht falsch. Ich habe versucht, an Gott zu glauben. Dann, nachdem ich viele Jahre mit der Idee gerungen hatte, gelang es mir, die metaphysische Option zu akzeptieren.

Wir alle sind Gott!

Aber ich suchte immer noch. Ich las viel, und ich löste mich von der Kleinstadt mit ihren Kleingeistern, die mir ständig sagen wollten, woran ich glauben sollte.

Ich habe nie aufgehört, nach Antworten zu suchen, nach Puzzleteilen, um die fundamentalen Fragen klären zu können, die mir keine Ruhe lassen.

Warum brauchen wir Gottesdienste?

Warum beugen wir uns irregeleiteten Autoritäten?

Warum nennen wir manche Menschen *Meister*? Was macht das aus uns selbst?

Was in uns bewirkt, dass wir uns so bereitwillig anpassen und die Versklavung von Geist und Körper dulden?

Warum denken wir beim Wort Gott an einen alten Mann mit Bart und nehmen automatisch die Gebetshaltung ein – was unvermeidlich bedeutet, dass wir den Kopf senken und geringer von uns selbst denken?

In diesem Informationspuzzle fehlte ein Teil, ganz so wie das *missing link*, das fehlende Bindeglied im Verständnis der menschlichen Biologie.

Das fehlende Bindeglied

1986 ließ ich eine erfolgreiche Beratertätigkeit hinter mir und zog auf eine kleine Insel im Nordwesten, weil ich ein Buch über Seelengefährten schreiben wollte. Stattdessen gab ich zwei gechannelte Bücher heraus, die ich *Der letzte Walzer der Tyrannen* und *UFOs und die Beschaffenheit von Wirklichkeit*[7] nannte. Es handelte sich um mein erstes Vordringen in außerirdisches Territorium und um eine alternative Schöpfungsgeschichte. Ich benötigte zwei Jahre voller windumtoster Strandspaziergänge, um in meiner eigenen Sphäre der Logik und Glaubhaftigkeit alles zu ordnen und mich mit den Implikationen einer solchen Schöpfungsgeschichte auseinanderzusetzen.

Nach diesen zwei Jahren war es, als hätte jemand mein Gehirn mit dem Bolzenschneider bearbeitet. Die Möglichkeit, dass die Menschheit das Resultat einer Genmanipulation durch eine intergalaktische Zivilisation war, ergab für mich viel mehr Sinn, als die Geschichte über einen bärtigen alten Mann und eine fehlende Rippe.

---

[7] Es gibt noch ein drittes Buch in dieser Reihe, das *Finanzielle Freiheit* heißt. Sie erschienen alle 1989/90 unter dem Namen Judi Pope Koteen in den USA und wenig später auch auf Deutsch im In der Tat Verlag. Erhältlich sind sie heute über den Michaels Verlag & Vertrieb, Peiting. – *Die Red.*

Wenn Sie die hier versammelten arcturianischen Informationen mit geistiger Offenheit lesen, kann dieses Wissen Sie befreien.

Solange wir unsere Macht an eine »höhere« Autorität abgeben, erniedrigen wir uns selbst.

Lassen Sie mich Ihnen die Schöpfungsgeschichte erzählen, die uns von den Arcturianern und anderen Wesen übermittelt wurde. Die Arcturianer sind nicht die ersten, die diese Geschichte erzählen. Aber die arcturianische Version beinhaltet ein paar neue Geschenke, die wir gerne mit Ihnen teilen, in der Hoffnung, dass Sie dadurch angeregt werden, Ihre Scheuklappen abzulegen und klarer zu sehen.

Vor Äonen erkannte ein intergalaktisches, technologisch hoch entwickeltes Volk, die Annunaki, dass die Atmosphäre ihres Planeten in Auflösung befindlich war. Die Wissenschaftler der Annunaki fanden heraus, dass die Atmosphäre mit Gold stabilisiert werden konnte, und ein Scan unseres Planeten ergab, dass auf der Erde reiche Goldvorkommen existierten. Also kamen die Annunaki auf die Erde, um die Goldvorräte in Afrika abzubauen. So erklärt sich, warum unsere Wissenschaft feststellte, dass die Wiege der Menschheit in Afrika stand. In Afrika produzierten die Genetiker der Annunaki jenes genetische Gebräu, aus dem wir geschaffen wurden.

Die Erdrotation machte es für die Annunaki schwierig, sich längere Zeit hier aufzuhalten, und ihr Volk weigerte sich, die harte Minenarbeit zu übernehmen. Also suchten sie nach einer Lösung, wie sie das Gold abbauen konnten, das sie für ihre Atmosphäre benötigten, ohne dafür ihr eigenes Volk schuften lassen zu müssen – und diese Lösung bestand in der Erschaffung des *Homo sapiens*.

Die Tontafeln des frühen Sumer erzählen die Geschichte, wie sie damals erlebt wurde.

Viele halten die frühen Primaten für die Vorfahren der Menschheit, aber die Arcturianer fügen hier ein Element hinzu, von dem ich nie zuvor gehört hatte. Sie berichten von Wesen höherer Schwingungsfrequenz, die elektromagnetischer Natur sind und *Ephemere* genannt werden.

Die Ephemeren waren immer schon hier, und einst konnten wir sie sehen, obwohl sie auf einer viel höheren Frequenz schwingen als wir. Sie sind die Feen, Elfen und Gnome der Mythologie. Sie existieren nach wie vor. Wir wurden lediglich darauf *trainiert*, sie nicht zu sehen, so wie einst die Eingeborenen angeblich Captain Cooks große Segelschiffe nicht sehen konnten, weil sie dafür keinen Bezugsrahmen hatten.

Einige dieser Ephemeren experimentierten damit, in die Körper früher Primaten einzutreten, aber sie konnten sich immer nur für kurze Zeit in einem Tier manifestieren. Blieben sie zu lange, waren sie in dem Körper des Tieres gefangen und konnten ihn nicht mehr verlassen.

Zwar berichten viele intergalaktische Gruppen, dass die Annunaki ihre DNS mit der früher irdischer Primaten mischten, um eine Sklavenrasse zu erschaffen, die ihren annunakischen Meistern diente und für sie Gold abbaute. Aber nie zuvor habe ich gehört, dass sie für diese Experimente spezielle Primaten auswählten – nämlich nur solche, in deren Körpern Ephemere gefangen waren.

Laut den Arcturianern wählten die Annunaki gezielt Primaten aus, in denen Ephemere gefangen waren, weil diese ein besonderes Funkeln in den Augen hatten, das auf ihre höhere Intelligenz hinwies und sie von den übrigen Primaten unterschied.

Mit anderen Worten: Wir sind keine Durchschnittsaffen!

Auch sind wir nicht die himmlische Schöpfung eines Gottes, der Adam eine Rippe wegnimmt und daraus eine Frau macht. Wir sind ein wissenschaftliches Experiment. Es war ein genetisches Herumprobieren, so wie wir es heute beispielsweise bei der Pferdezucht betreiben.

Das fehlende Bindeglied, das *missing link* unserer Abstammung, ist also eine außerirdische Intervention bei der Erschaffung der frühen Menschheit.

Und hier folgt nun die wichtigste und schädlichste Konsequenz dieser Geschichte. Das wurde mir bereits vor zwanzig Jahren klar, als ich *UFOs und die Beschaffenheit von Wirklichkeit*[8] veröffentlichte, aber ich hörte von niemandem, der meine Theorie unterstützt hätte, bis es zum Kontakt mit den Arcturianern kam.

Überlegen Sie: Wie lautet ein fundamentales Prinzip der Metaphysik?

Denken ist schöpferisch.

Wenn wir mit der Absicht erschaffen wurden, eine Sklavenrasse zu sein, ist es da verwunderlich, wenn wir diese Haltung einnehmen, sobald wir mit etwas konfrontiert sind, was größer und mächtiger als wir zu sein scheint: Götter/Gott/Außerirdische mit fortschrittlicher Technologie.

Die Annunaki waren ein fortschrittliches intergalaktisches Volk – sehr unentwickelt – aber technologisch überaus fortschrittlich.

Das war übrigens eine weitere große Frage, die mich in meiner Kindheit beschäftigte: Wenn die frühen »Götter« so toll waren, warum waren sie dann so ignorant, eifersüchtig und gefährlich?

Man kann über viel Macht verfügen, aber trotzdem wenig entwickelt sein. (Hier kommt mir George Bush[9] in den Sinn!)

Evolution ist eine Frage des Bewusstseins.

Macht kann man durch Technologie erwerben, aber dass ein Volk mächtig ist, bedeutet nicht, dass es *groß* ist und wir ihm dienen müssen.

Dass die »frühen Götter« (namentlich Jehovah, um eine bestialische Repräsentation eines Gottesbildes zu nennen) ganze Städte ausradieren konnten, macht sie nicht heilig oder groß. Es bedeutet nur, dass Jehovah und andere dieser Wesen mächtig waren. Ich

8   Das Buch erschien 1993 auf Deutsch im In der Tat Verlag. – *Die Red.*
9   Unklar ist hier, ob der Senior oder der Junior gemeint ist. Beide waren Präsidenten der USA, von 1989 bis 1993 und von 2001 bis 2009. Ein dritter George Bush, Sohn des Junior, mit dem Mittelnamen Prescott, tummelt sich auch bereits in der Politik. Seine Mutter ist Mexikanerin, was interessante Perspektiven für künftige Präsidentschaftswahlen aufwirft. – *Die Red.*

stelle mir Jehovah als unentwickelten Zweijährigen mit enormer Macht vor.

Ehrlich gesagt ist mir ein erweitertes Bewusstsein lieber als diese Art von Macht!

Und ich bin nicht bereit, »Gott zu fürchten«. Wenn er/sie existiert, würde ich ihn/sie viel eher achten und lieben als fürchten. Und ich werde einen Gott nur dann ehren, wenn er meinen Respekt verdient und nicht verlangt, dass wir ihn fürchten und vor ihm im Staub kriechen sollen.

Wenden wir uns wieder der Schöpfungsgeschichte der Arcturianer zu. Es gab da also frühe Menschen, die das Resultat einer genetischen Kreuzung von in Primatenkörpern gefangenen Ephemeren mit der Annunaki-DNS waren – geschaffen mit der Absicht, eine Sklavenrasse zu züchten.

Erinnern Sie sich, dass ich zwei Jahre lang am Strand herumwanderte und mit der Frage rang, warum wir so sehr dazu neigen, uns Autoritäten zu unterwerfen, sogar falschen Autoritäten? Ich arbeitete an einem Buch über Außerirdische, das ebenfalls diese Informationen über die Annunaki enthielt, aber erst als ich durch vernünftiges Nachdenken (danke, Thomas Paine!) zu dem Schluss kam, dass sie unsere DNS mit dem Ziel manipuliert hatten, eine Sklavenrasse zu erschaffen, ergab das Ganze einen Sinn. Bereits vor über zwanzig Jahren gelangte ich zu diesem Schluss, aber nie hörte ich von anderen etwas, das in die gleiche Richtung ging, und ich selbst sprach nur mit wenigen Leuten über meine Theorie.

Ich vermute, dass wir nur dann Informationen empfangen, wenn wir bereit sind, sie zu durchdenken und zu akzeptieren. Ich brauchte Jahre, um das Material, das ich damals veröffentlichte, zu begreifen.

Denken ist schöpferisch – und die Menschheit wurde mit dem Gedanken erschaffen, eine Sklavenrasse zu züchten. Um unsere volle Macht erlangen und unser großes Potenzial erkennen zu können, müssen wir verstehen, wie wir zu dem wurden, was wir sind.

Unseren Herren zu dienen ist Teil unserer mitochondrialen DNS.

Und bevor die Würfel für uns fielen, gab es, so sagen die Arcturianer, über zwanzig weitere Eingriffe von verschiedenen außerirdischen Zivilisationen in unser Erbgut. Sie sagen, ein solches Gemisch genetischer Informationen mache uns zu intergalaktischem Adel.

Ich vermute, dass das Sprichwort »Wenn der Schüler bereit ist, erscheint der Lehrer« auch für Informationen gilt.

Wenn der Geist offen ist, kommt das Wissen zu uns.

Ich kann Ihnen gar nicht sagen, wie privilegiert ich mich fühle, Sie in diesem Text mit unseren arcturianischen Freunden und Verwandten bekanntmachen zu dürfen. Ich hoffe sehr, dass Sie die in diesem Buch präsentierten Informationen nicht rundweg ablehnen, sondern dass diese Sie zumindest zum Nachdenken anregen.

Um die Wahrheit zu sagen: Als wir eingeladen wurden, an diesem Austausch mitzuwirken, wollte Tom zunächst nicht. Er hat kein Problem mit der Vorstellung eines Buddha, Saraswati oder Meister Wu und den unterschiedlichen Pantheons der vielen spirituellen Traditionen, aber Außerirdische ließen ihn immer kalt.

Der spirituelle Lehrer in ihm konnte die großen Lehrer der vielen irdischen Traditionen akzeptieren, nicht aber die Vorstellung, dass es Außerirdische gibt. Er nannte diese heiligen Wesen Götter und betrachtete sie als göttlich.

Ich habe das Wort Gott aus meinem Wortschatz verbannt und nenne sie nun alle Außerirdische.

Wie ich es sehe, war jedes Wesen, das von den Menschen für eine Gottheit gehalten wurde, ein Besucher aus einer anderen Welt, vielleicht aus einer anderen Dimension in einer weit entfernten Galaxie.

Tom arbeitet nun seit über zwanzig Jahren mit den Hathoren,[10] und ich arbeite, durch ihn, seit über fünfzehn Jahren mit ihnen.

---

[10] Diese liebevollen Wesenheiten aus höheren Dimensionen wurden als Hathoren bekannt, »weil sie im alten Ägypten durch die Tempel der Göttin Hathor wirkten.« Mehr über sie berichtet Judi Sion im Anhang des Buches. – *Die Red.*

Sie sind gute alte Freunde, aber es widerstrebte ihm, sich näher auf die Außerirdischen-Thematik einzulassen.

Als nun das Thema dieses Buches aufkam, bat das Wesen, das wir beide mehr achten als jedes andere, ihn darum, sich als Kanal für das arcturianische Material zur Verfügung zu stellen. Wenn dieses Wesen eine Bitte äußert, hören wir beide aufmerksam zu.

Dieses Wesen war in seinem einzigen menschlichen Leben als Maria Magdalena bekannt.[11]

Und sie bat Tom ganz nachdrücklich, das Material zu channeln.

Weil ich weiß, dass die Qualität gechannelten Materials vom evolutionären Status des Channels abhängt, kann ich mir keine geeignetere Person vorstellen, die gegenwärtig arcturianisches Material übermitteln könnte, denn ich kenne die hohe Integrität, mit der Tom sein Leben führt. Ich kenne seinen scharfen Verstand. Ich achte den Wissenschaftler in ihm, und ich weiß, dass er sein Gehirn auf jede Frequenz *einstimmen* und Wissen in der höchsten Qualität durchgeben kann.

Und ich weiß, dass er es hasst, zu channeln. Aber er würde dem Wesen, das als Maria Magdalena bekannt ist, niemals eine Bitte abschlagen.

Und, wie sich herausgestellt hat, ist Maria Magdalena eine Arcturianerin, so wie es sich auch bei dem großartigen Wesen, das als Yeshua ben Joseph bekannt ist, um einen Arcturianer handelt. Und das gilt auch für das Wesen, das von vielen als der Aufgestiegene Meister bezeichnet wird: Sanat Kumara.

Meine außerirdischen Wurzeln

Mein erstes bewusstes Erlebnis mit einem Arcturianer hatte ich in der Schweiz, in der Wohnung einer guten Freundin in Zermatt.

---

11 Mehr Informationen über Maria Magdalena finden Sie in den Büchern *Die Große Veränderung* und *Neue Zeit*, die ebenfalls im Amra Verlag vorliegen. – *Die Red.*

Magdalena hatte vorgeschlagen, dass wir die Zeit in Zermatt nutzen sollten, um meine Abstammungslinien zu channeln. Das sollte ein Geburtstagsgeschenk für mich werden.

Und dabei stellte sich heraus, dass ich nicht von hier stamme.

Und Sie vielleicht auch nicht.

Außerdem tragen viele von uns Emanationen mit sich – Energiestränge anderer Wesen. Mit anderen Worten, viele von uns kommen von weit her.

Offenbar stammen die energetischen Stränge in mir aus weit entfernten Weltraumregionen. Mir wurde gesagt: »Um hier sein zu können, wurdest du als Hybridwesen geschaffen.« (Was wohl heißen soll, dass ich nicht wirklich aus Virginia stamme!)

Während unseres Besuchs in Zermatt war Tom liebenswürdigerweise bereit, mehrmals in der Woche meine Menagerie zu channeln. Das war eines der wundervollsten Geburtstagsgeschenke, das ich je erhalten habe.

Ich erinnere mich gar nicht mehr an alle Wesen, die sich meldeten und Teile meiner Persönlichkeit beanspruchten, aber den Arcturianer werde ich nie vergessen. Er war kühn und höchst intelligent. Er war geradlinig, eine Charaktereigenschaft, die ich besonders schätze. Er war ein ehrlicher, aufrichtiger Bursche.

In dem Apartment über uns wohnte eine Familie, und als Tom seinen Bewusstseinszustand veränderte, um dieses Wesen zu channeln, fingen die Leute plötzlich an, Möbel hin und her zu schieben, was auf dem Fliesenboden unmittelbar über uns einen schrecklichen Lärm verursachte.

Der Arcturianer meldete sich gerade in diesem Moment, so dass er die schrecklichen Kratzgeräusche über uns mitbekam, und seine ersten Worte lauteten sinngemäß: »Was machen diese Idioten da oben nur?«

Es wirkte fast, als wollte er hinaufgehen, an ihre Tür klopfen und mehr Respekt fordern.

Seitdem liebe ich Arcturianer. Während dieser erstaunlichen Zeit in Zermatt durfte ich noch viele andere Wesen kennen lernen, aber dieser Arcturianer brachte eine Saite zum Klingen, die nie zuvor für mich gespielt worden war.

Jeder von uns ist eine Kombination aus einem physischen Körper und einem Bewusstsein. Der physische Körper mag das Produkt eines DNS-Gemisches von physischen Vorfahren aus vielen Ländern der Erde sein, aber der Funke, der den Körper bewohnt und das Bewusstsein formt, kann sehr wohl ein Gemisch sein, das aus vielen Dimensionen und vielen Galaxien stammt.

Und es ist sogar möglich, dass Sie die Emanation eines Wesens in sich tragen, das als Göttin oder großer spiritueller Lehrer gilt. Doch, wie Magdalena und die Hathoren betonen, inkarniert ein Gott oder eine Göttin *fast nie* vollständig ... fast nie.

Es ist möglich, dass Sie eine besondere Verbundenheit zu einer bestimmten Gottheit in sich tragen - hervorgerufen durch eine Emanation dieses Wesens. Dann werden Sie sich besonders zu diesem Wesen oder seiner religiösen Verehrung hingezogen fühlen, aber es ist extrem unwahrscheinlich, dass jemand von uns die Inkarnation einer Gottheit *ist*. (Ich nehme an, dass unsere Verwirrung bezüglicher solcher Emanationen der Grund dafür ist, dass Magdalena in ihrem Kapitel auf dieses Thema eingeht.)

Die Arcturianer nutzen die Gelegenheit dieses Buches erkennbar dazu, sich zu Problemen zu äußern, denen sich ihre Zivilisation gegenübersah, um vor diesem Hintergrund Herausforderungen zu verdeutlichen, denen wir uns ebenfalls stellen müssen - und zwar insbesondere den Konflikt zwischen Herz und Verstand.

Sie äußern ernste Sorge angesichts unseres fehlenden Respekts gegenüber unserer Umwelt und empfehlen bestimmte Meditationstechniken. Auch scheinen sie die Gelegenheit zu nutzen, um uns ihre Strategie zu erläutern, wie sie die Erde verteidigen. Und sie kündigen an, dass sie noch mit viel mehr Menschen in Kontakt treten werden.

Sie befassen sich mit einem meiner Lieblingsthemen - den Gefahren, die von den Religionen ausgehen, und von der Bewusstseinskontrolle, die meiner Meinung nach heute immer schlimmere Formen annimmt.

Macht bedeutet nicht Bewusstheit

Es war mir eine Freude, zu transkribieren, was diese beeindruckenden Wesen zu sagen hatten. Ich höre diese Botschaften gewissermaßen »aus erster Hand«. Wir ändern nie auch nur ein Wort an diesen Durchgaben, und Tom und ich lesen bewusst niemals etwas, was andere Leute über diese Wesen geschrieben haben, mit denen wir arbeiten. So wollen wir sicherstellen, dass das, was wir an gechanneltem Wissen übermitteln, wirklich original und unverfälscht ist.

Ehe Sie mit dem Lesen der Texte beginnen, möchte ich Ihnen noch einen letzten Gedanken mit auf den Weg geben. Wir alle sind göttliche Wesen, mit der Fähigkeit zu grenzenloser Größe. Von Religionen und Regierungen sind wir bewusst belogen worden. Man will uns in einem Sumpf aus Scham und Unterwürfigkeit gefangen halten. Wenn Sie Ihre Unwissenheit über diese Dinge hinter sich lassen, bedeutet das keineswegs, dass Sie aufhören, sich mit Hingabe der Entwicklung und dem Aufstieg Ihres Bewusstseins zu widmen.

Im Rückblick würde ich sagen, dass mein Problem mit der UFO-Bewegung darin besteht, dass sie den Geist außen vor lassen, und mit der New-Age-Bewegung habe ich das Problem, dass sie dazu neigen, ihre Macht abzugeben.

Aber wir *können* mächtig, voll bewusst und frei sein!

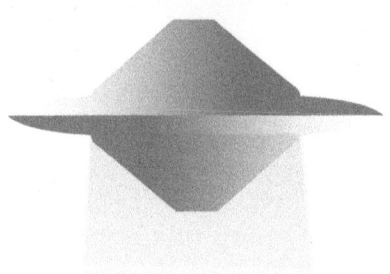

Unsere geliebten Freunde,
die Arcturianer

vorgestellt von den Hathoren

W ir stammen aus einem anderen Universum als dem euren. Wir kommen aus einem Paralleluniversum, dass unmittelbar an das Universum angrenzt, in dem ihr lebt. Aus unserer Perspektive liegen solche angrenzenden Universen beisammen wie Eier in aufeinander gestapelten Kartons.

Es gibt Energielinien oder Kanäle, mit denen diese Universen verbunden sind, besonders jene Universen, die dicht beieinander liegen. Einer der wichtigsten Eintrittspunkte in euer Universum ist Sirius, bei dem es sich um ein bedeutendes Sternentor oder Portal handelt.

Wir sind auf Bitte eines Aufgestiegenen Meisters und Sternenschiffkommandanten in dieses Universum gekommen. Er heißt Sanat Kumara. Er bat uns, hierher zu kommen, weil sich bei uns die weiblichen und männlichen Polaritäten unseres Seins im Gleichgewicht befinden und unsere gesamte Zivilisation eine Transformation und einen Schwingungsanstieg durchlaufen hat.

Wir entwickelten große Zuneigung für Sanat Kumara. Wir erkannten in ihm einen herausragenden Denker, brillanten Strategen und unermüdlichen Krieger für das Leben. Während wir unsere Beziehung zu diesem einzigartigen Meister vertieften, begegneten uns seine Qualitäten auch in anderen Arcturianern, die wir in eurem Universum kennen lernten. Für uns stellen die Arcturianer eine unvergleichliche Mischung bemerkenswerter Eigenschaften dar. Sie haben einige der größten Geister eures Universums hervorgebracht. Ihre Technologie ist jeder anderen intergalaktischen Zivilisation weit überlegen, und sie haben mit uns gemeinsam, dass sie die Existenz mit Leichtigkeit und Heiterkeit betrachten.

Aber ihre Heiterkeit unterscheidet sich etwas von unserer. Unsere Heiterkeit kommt aus unserem Aufenthalt in der fünften bis zwölften Dimension. Wir halten uns ausschließlich in den Dimensionen des Lichts auf. Wir navigieren außerhalb von Zeit und Raum und treten niemals völlig in diese ein. Die Arcturianer dagegen finden die Existenz erheiternd, weil es ihnen Freude macht, bei Bedarf zu den unteren Frequenzen hinabzusteigen. Sie tun das nicht leichtfertig, denn es erfordert eine enorme Energie, die Frequenz ihrer Schiffe auf das Niveau der dritten Dimension abzusenken. Sie ziehen es vor, in den höheren Frequenzen zu operieren, aber wir versichern euch, dass sie sich in eurer Dimension manifestieren können, falls das erforderlich ist.

Diese Eigenschaft der Arcturianer, die Existenz mit einer gewissen Heiterkeit zu betrachten, erklärt sich aus ihrer Flexibilität und ihrem Abenteuergeist. Die Arcturianer sind außergewöhnliche Strategen und Meister der Logik. Sie bevorzugen es, Situationen multidimensional zu betrachten und sie gleichzeitig aus den Blickwinkeln von Vergangenheit, Gegenwart und Zukunft zu analysieren. Diese komplexe holografische Betrachtungsweise ist Teil ihrer Natur. Es handelt sich dabei nicht um erlerntes Verhalten. Es ist Bestandteil ihrer DNS.

Sanat Kumara ist ein Beschützer eurer Erde und ebenso eures Sonnensystems und eurer gesamten Galaxis. Sein erster direkter Kontakt mit der Erde fand in einer Weltregion statt, die ihr heute Japan nennt. Das geschah vor etwa zehn Millionen Jahren.

Er landete mit seinem Schiff und trat mit einer Gruppe hoch entwickelter Wesen in Kontakt, die in einer entlegenen Bergregion Japans lebten. Im heutigen Japan wird dieser Ort verehrt und ist durch einen Schrein auf dem Berg Kurama markiert.

Als hoch entwickelter Arcturianer sah Sanat Kumara damals holografisch die Vergangenheit eures Planeten ebenso wie die gesamte Zukunft, die heute eure Gegenwart ist.

Der Berg Kurama wird nicht nur von den Japanern verehrt, sondern auch von den Arcturianern.

Die Arcturianer beten Sanat Kumara nicht an. Sie wissen, dass er einer von ihnen ist, eine der höchsten Ausdrucksformen des arcturianischen Potenzials, aber dennoch einer von ihnen. Wir werden die Arcturianer für sich selbst sprechen lassen. Unser Wunsch war es lediglich, die Tür zu öffnen und einen alten, alten Freund zu ehren.

Botschaften der Arcturianer

*Ihr, die ihr jetzt auf der Erde lebt, seid Zeugen und
bis zu einem gewissen Grad
auch die Miterschaffer einer Welt im Übergang.*

Sanat Kumara

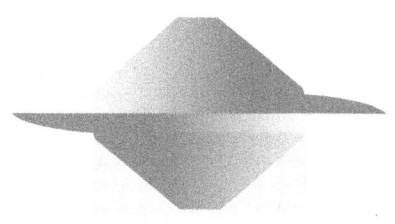

Sanat Kumara

Sternenschiffkommandant
Teil 1

Ich spreche durch Worte mit euch, obwohl Worte ein sehr primitives Kommunikationsmittel sind.

Doch wir wollen nutzen, was uns zur Verfügung steht.

Man kennt mich als Sanat Kumara. Ich werde der Erste unter meinen Mitarcturianern sein, der zu euch spricht. Nicht, weil ich einen besonders hohen Rang hätte, sondern weil ich sehr, sehr alt bin.

Ich verfüge über eine Perspektive intergalaktischer Geschichte, und ich trage das Mitgefühl und das Engagement sowie die wohlwollenden Absichten in mir, die allen Akturianern eigen sind.

Ich lebe in verschiedenen Bewusstseinsdimensionen gleichzeitig. Im Augenblick nutze ich meinen fünftdimensionalen Aspekt, um durch Worte kommunizieren zu können. Allerdings ziehe ich es vor, mich in der neunten Dimension aufzuhalten, weil diese mir eine erweiterte Perspektive ermöglicht. An diesem Ort kann ich als Licht körperliche Form annehmen, doch es handelt sich um ein Licht, das an formloses Licht grenzt. Sie ist ein interessantes Nebeneinander, diese neunte Dimension.

Dieses Nebeneinander von Form und Formlosigkeit erzeugt eine interessante Dichotomie, ein Paradoxon, und Paradoxa und Dichotomien faszinieren uns Arcturianer.

Als eine Rasse intergalaktischer Geschöpfe halten wir uns vornehmlich in der fünften bis neunten Dimension auf. Wenn wir weiter als bis zur neunten Dimension aufsteigen, verschiebt sich unsere Identität als Arcturianer. Wir nehmen dann verstärkt *Licht*form an. Die meisten von uns ziehen es vor, eine intakte SelbstIdentität zu wahren.

Das liegt daran, dass wir Arcturianer die Freuden individueller Autonomie inmitten von Kräften genießen, die ununterbrochen daran arbeiten, die SelbstIdentität zu schwächen und zu eliminieren. Sie ist eine eigentümliche Kunstform – eine, die uns große Freude bereitet. Die Freude an unserer Existenz ist eines der Kennzeichen des arcturianischen Bewusstseins.

Ein weiteres Kennzeichen der arcturianischen Gesinnung ist unser Bedürfnis nach einer Mission. Wir sind nicht kriegerisch, aber wir sind furchtlos. Im Angesicht von Mächten, die scheinbar größer sind als unsere eigenen, finden wir stets einen Weg, um sie zu umgehen oder mit ihnen zusammenzuarbeiten.

Unsere Erfahrung als intergalaktische Zivilisation umfasst Hunderte von Millionen eurer Jahre, und unsere Erfahrungen mit diesem Universum haben uns gezeigt, dass es bis zum Rand angefüllt ist mit außergewöhnlichen Energien und Wesen. Einige dieser Wesenheiten haben eine Form, andere nicht. Einige sind wohlwollend, andere verfolgen böswillige Absichten.

Nicht alle intergalaktischen Wesen sind voller Liebe. Dessen solltet ihr euch bewusst sein, meine Erdlingsbrüder und -schwestern.

Wir sind teils durch unsere Veranlagung, teils durch die Umstände in die Rolle der Schutzwächter geraten.

Wir stehen für die Verbesserung von Leben, Intelligenz und Wohlwollen. Wir glauben, dass alle Wesen frei sein sollten – solange sie nicht die Freiheit anderer bedrohen.

Unsere Technologie ermöglicht es uns, Schutzwächter vieler Welten zu sein, besonders der Erde und der Galaxie, in der ihr zu Hause seid und die ihr als Milchstraße bezeichnet. Wir finden diese Bezeichnung amüsant, denn Milch war sehr wichtig für jene, die den Kosmos empfingen, als sie in den Himmel hinaufblickten.

Da die Hathoren uns in diesem Manuskript sozusagen vorgestellt haben, möchte ich meine Aufmerksamkeit nun auf eine weit zurückliegende Erinnerung richten.

Vor Milliarden von Jahren eurer Zeit, als dieses Universums entstand – als dieses Universum bei einer feurigen Explosion ins Leben trat –, wurde seine Natur von gegensätzlichen Kräften bestimmt.

Als wir mit unseren Erkundungen als intergalaktische Zivilisation anfingen, was etwa einhundert Millionen Jahre zurückliegt, faszinierte uns dieser Gegensatz zwischen den Kräften, und unsere Technologie beruht darauf, sich die verborgenen Energien zwischen gegensätzlichen Kräften zunutze zu machen.

Vor etwa neunzig Millionen Jahre wurde ich zu dem, was man als Sternenschiffkommandant bezeichnen könnte. Wie ich zu dieser Position kam und verantwortlich für die Milchstraße wurde, interessiert mich wenig. Die Mission ist es, was zählt.

Als ich mich mit meinen neuen Pflichten als Sektor-Kommandant vertraut machte, gab es in eurer Galaxie verschiedene Welten oder Planeten, die mich faszinierten. Zum jetzigen Zeitpunkt ist es Teil meines Lebens als arcturianischer Sektor-Kommandant, dass eine persönliche Entscheidung in den Lauf der Geschichte eingreift. Wir Arcturianer scheuen uns nicht davor zu handeln, wenn es nötig ist. Natürlich muss jede Handlung aus so vielen Perspektiven wie möglich analysiert werden, um das beste Ergebnis zu bestimmen. Doch selbst mit den besten Absichten sind alle Handlungen in diesem Universum ein Glücksspiel, da Gegenkräfte aufkommen können – doch vergesst nicht, dass wir uns vom Gegensatz der Mächte angezogen fühlen, und wenn wir beschließen zu handeln, ist uns klar, dass es lange dauern kann, bis sich ein Ergebnis abzeichnet, und dass Gegenkräfte aufkommen werden – doch das schreckt uns nicht ab. Es verleiht uns nur noch mehr Leidenschaft. Dies ist eine arcturianische Eigenschaft, die nur wenige andere intergalaktische Zivilisationen teilen.

Als ich Kommandant des Milchstraßensektors wurde – was ironisch ist, da euer Universum etwa 37 Lichtjahre weit von Arcturus entfernt liegt –, traf man (wie ich schon sagte aufgrund einer Mischung unserer Natur und der Umstände) bereits früh die Entscheidung, dass wir Leben, Intelligenz und Freiheit schützen würden. Und während unsere Zivilisation zu anderen Sternensystemen expandierte, behielten wir diese wohlwollende Absicht als unsere wichtigste Richtlinie bei.

Und so kam es, dass ich dafür verantwortlich wurde, Leben, Intelligenz und Freiheit in der Milchstraße zu schützen. Nicht, dass andere intergalaktische Zivilisationen nicht auch »ihr Ding machen.« Eure Galaxie ist nämlich ein Knotenpunkt außergewöhnlicher Aktivität und der Interaktion zwischen vielen verschiedenen intergalaktischen Zivilisationen.

Dennoch spürte ich eine tiefe Verpflichtung meiner Aufgabe, meiner Verantwortung und meiner Mission gegenüber, die darin besteht, Leben, Intelligenz und Freiheit in eurer Galaxie so weit zu beschützen, wie es mir möglich ist.

Dies bringt mich in meiner Erzählung an den Punkt, an dem ich eine Einladung aussprach – eine Einladung an ein Paralleluniversum. Euer Universum ist nur eines unter vielen, und über den Hyperraum ist es möglich, all diese zusammenhängenden Universen zu erleben. In einem Tiefenzustand, den ihr wohl als Meditation bezeichnen würdet, dachte ich über die Ressourcen nach, die nötig wären, um dem Ungleichgewicht entgegenzuwirken, das diesem Universum zu eigen ist. Mit Ungleichgewicht meine ich den Kampf zwischen Gegensätzen, zwischen gegensätzlichen Kräften.

Gab es eine Möglichkeit, diese Kräfte in eine weniger schädliche Beziehung zueinander zu setzen? Dies war die Frage, der ich bei meinen wiederholten Meditationen nachging. Diese Meditationen fanden statt, wenn ich nicht im Dienst war, denn als Arcturianer muss ich mich stets mit dem befassen, was sich gerade ereignet. In einem dieser meditativen Zustände reiste ich über Sirius in den Hyperraum.

Wenn ich sage, dass ich über Sirius reiste, meine ich damit nicht, dass ich das Sternenschiff unter meinem Kommando durch ein Sternentor oder Portal lotste. Ich meine damit, dass ich einen Aspekt meines Selbst dorthin schickte, eine Kugel reinen Gewahrseins. Diese Fähigkeit, einen Aspekt in Form einer Kugel aus reinem Gewahrsein in den Raum hinauszuschicken, ist für Arcturianer ganz selbstverständlich. Die Fähigkeit dazu tragen wir von vornherein in uns, auch wenn sie natürlich geübt und entwickelt werden muss.

Um es kurz zu machen: Ich erkundete verschiedene zusammenhängende Universen, um herauszufinden, ob es eine Ressource geben könnte, die das Gleichgewicht in der Milchstraße (ich amüsiere mich immer wieder über diesen Begriff) verstärken könnte.

Bei einer dieser kosmischen Erkundungsreisen begegnete ich den Hathoren und erkannte ihre einzigartigen Eigenschaften und Fähigkeiten. Sie sind vollkommen anders.

Von Natur aus haben die Hathoren eine androgyne Energetik. Die Polaritäten befinden sich bei ihnen im Grunde genommen im Gleichgewicht. Das, was ihr als weibliche und männliche Seinsaspekte bezeichnen würdet, ist bei ihnen fast vollkommen ausgewogen.

Ich ziehe es vor, von einem Ausgleich von Elektrizität und Magnetismus zu sprechen.

Besonders interessant an diesen Hathoren fand ich unter anderem, dass sie den Aufstiegsprozess kollektiv durchlaufen hatten. Wir Arcturianer durchlaufen den Aufstiegsprozess ebenfalls, aber nicht im Kollektiv. Wir steigen individuell aus eigenem Willen auf.

Bei einer meiner Erkundungsreisen in ihr Universum lud ich einige ihrer besonders weit entwickelten Individuen ein, mich auf meiner Station zu besuchen. Für mich und meine Crew war das ein sehr erheiterndes Erlebnis.

Die Hathoren sind so wie wir Lichtwesen, aber sie nehmen keine materielle Gestalt an, und bei ihrem Besuch verblieb das Schiff in der fünften Dimension, obwohl es auch in Zeit und Raum der dritten Dimension übergehen kann, wenn es nötig ist.

Die Hathoren aber leben in der achten und neunten Dimension, und die fünfte Dimension war für sie völlig primitiv.

In ihrer anthropomorphen – also menschenähnlichen – Form sind die Hathoren größer als wir, meist um die vier Meter. Die Durchgänge auf unserem Schiff sind im Durchschnitt aber nur etwas über drei Meter hoch. Als die Hathoren ihre Schwingung in die fünfte Dimension übertrugen, mussten sie sich also ständig bücken.

Nach diesem Erlebnis zogen sie es vor, in der achten und neunten Dimension zu verbleiben.

Ich machte mit ihnen eine Führung durch den Sektor, über die gesamte Länge und Breite eurer Galaxie, und gemeinsam beobachteten wir den kosmischen Schmelzofen, der Planeten, Sterne und all die unzähligen anderen Objekte, aus denen sich eure Galaxie zusammensetzt, geboren und zerstört hat.

Sie waren fasziniert von einem primitiven kleinen Planeten in einem der äußeren Spiralarme – ebenso, wie es mir anfangs ergangen war. Er wirkte bläulich, weil es dort so viel Wasser gab. Die Farbe faszinierte die Hathoren besonders. Dieser Planet war eure Erde in ihrem frühsten Entwicklungsstadium.

Die Hathoren hielten sich häufig auf der Brücke des Sternenschiffs auf, von der aus sie fasziniert die Sonne eures Sonnensystems, seine Planeten und besonders eure Erde betrachteten.

Nach etwa hundert Jahren eurer Erdenzeit fragte ich sie, ob ich ihnen einen Vorschlag machen dürfe. Während der hundert Jahre, die die Hathorengruppe auf dem Sternenschiff gewesen war, erklärte ich, wäre mir aufgefallen, dass die Präsenz ihrer ausgeglichenen Energie einen wohltuenden Einfluss auf den Sektor unter meiner Verantwortung gehabt habe – einmal die Mission, immer die Mission.

Sie sagten, dass sie nach Hause zurückkehren und mit ihren Ältesten darüber sprechen würden.

Nun spulen wir vor bis zu einem Zeitpunkt vor schätzungsweise zehn Millionen Jahren. Die Erde hatte einige sehr turbulente geologische Wehen durchlebt, und in geologischer Hinsicht herrschte in einigen Gegenden des Planeten relative Stabilität.

Ich beschloss, auf diesem frischgebackenen Planeten, den ich nun schon einige Zeit beobachtet hatte, zu landen.

Ich setzte mit meinem Sternenschiff – ihr würde es wohl als Shuttle bezeichnen, es handelt sich um eine kleinere Version des Mutterschiffes – in der Gegend auf, die ihr heute Japan nennt, auf dem Gipfel des Berges Kurama. Der Ort, an dem ich landete und wieder abhob, ist auch heute noch durch einen Schrein gekennzeichnet.

Ich tauschte mich mit diesen Menschen der frühesten Entstehungsperiode aus. Wie es intergalaktischen Reisenden in neuen Welten häufiger passiert, verliebte ich mich in eine der besonders herausragenden Frauen – ihr würdet sagen, dass sie eine Schamanin war. Sie konnte durch die interdimensionalen Welten reisen.

Ich stammte aus der fünften Dimension, sie aus der dritten, doch aufgrund ihrer bemerkenswerten Fähigkeiten als Schamanin – als kosmische Reisende – spürte sie meine Präsenz und die der Crew deutlich. Sie war dazu in der Lage, ihre Identität in ihren fünftdimensionalen Lichtkörper zu verlagern, und zeigte mir in dieser Form die Gegend. In der fünften Dimension zeugten wir ein Kind.

Mithilfe ihrer außergewöhnlichen Fähigkeiten gelang es ihr, die Schwingungsrate meines Samens in die dritte Dimension zu übertragen, und sie brachte eine Tochter zur Welt.

Als es für mich an der Zeit war, wieder zu gehen, um meinen Pflichten in der gesamten Galaxie nachzukommen, hatte sie das Kind noch nicht geboren. Doch ich konnte Kontakt zu ihr aufnehmen, wann immer ich mich in einen Zustand kosmischer Kontemplation begab.

Vielleicht ist meine Faszination und Verbundenheit mit diesem Planeten darauf zurückzuführen, dass die Erde so ein außergewöhnlicher Planet mit so gewaltigem Potenzial ist. Jedenfalls schien mir dieser entlegene Planet in einem äußeren Spiralarm besonders wichtig für die Mission zu sein. Vielleicht lag es aber auch einfach daran, dass ich eine Frau aus dieser Welt liebte und ihre Tochter – unsere Tochter.

Als Kommandant eines Sternenschiffs – geschweige denn als Kommandant eines ganzen Sektors – muss ich weitaus größere persönliche Opfer bringen als die meisten anderen Individuen.

Ihr Name war Esura, und meine Liebe für sie umspannt zehn Millionen Jahre. In anderen Dimensionen können wir uns auch heute noch vereinen, obwohl wir physisch getrennt sind.

Wie ich schon sagte, sind wir Arcturianer missionsorientiert, und als ich den Posten als Sektor-Kommandant annahm, wurde diese Mission das alles überstrahlende Licht und die Motivation für all meine Handlungen. Die Liebesgeschichte überraschte mich selbst. Ich hatte nicht damit gerechnet. Sie berührte mich als Wesen tief, und auf persönlicher Ebene fiel es mir schwer, den Kurama, Esuras Gegenwart und unsere Tochter zu verlassen. Doch damals schien mir die Mission größer und wichtiger zu sein.

Ich spüre, dass viele meiner Mitarcturianer diesem Gespräch lauschen, manche mit angehaltenem Atem, wie man bei euch sagt.

Wenn ich noch einmal in derselben Situation wäre, würde ich genauso handeln? Ich kann es nicht mit Bestimmtheit sagen.

Meine Pflichten als Sektor-Kommandant waren und sind die Motivation, die all meine Handlungen durchdringt. Doch auf persönlicher Ebene erfüllt es mich mit großer Trauer, dass die Mission mein Herz in den Hintergrund gedrängt hat. Und ich glaube, dass die Spannung in unserer arcturianischen Neigung, uns auf unsere Mission auszurichten, durch den *Ruf* und die Bedürfnisse unserer Herzen gemäßigt werden muss.

So, nun ist es heraus. Es lässt sich nicht mehr zurücknehmen.

Ich bin noch immer Sektor-Kommandant für die Milchstraße und werde es auch noch für lange Zeit bleiben. Aber wenn meine Aufgabe abgeschlossen ist, werde ich keine weitere mehr annehmen, sondern bei meiner Esura sein, und wir werden das Leben führen, das wir hätten leben können, wenn ich auf dem Kurama geblieben wäre. Wir werden als Lichtwesen fortbestehen, doch nur bis zur neunten Dimension, damit ich ihre Berührungen noch spüren kann. Ich sehne mich immer noch nach ihren Berührungen ...

Doch lasst uns zurückkehren zu der Mission und unserem unerwarteten Abenteuer mit den Hathoren.

Die Hathoren kehrten über das Portal auf Sirius aus ihrem Zuhause im Paralleluniversum zurück und kamen ohne Umwege zu mir und dem Sternenschiff. Sie erklärten, dass sie mein Angebot annehmen und eine Gruppe von Hathoren mit verschiedenen Fähigkeiten sowie eines ihrer interdimensionalen Schiffe schicken würden. Wir verabredeten einen Treffpunkt nahe Sirius.

Vier Sternenschiffe aus unserer Flotte machten sich auf den Weg, um sie zu treffen. Wir wollten sie schützen. Schließlich waren sie geladene Gäste in diesem fremden Universum, das so anders ist als das, aus dem sie kamen.

Als ihr Schiff durch das Sternentor vom Sirius kam, war ich unglaublich fasziniert von dem Anblick. Man sagt mir zwar, dass ihre Fahrzeuge ganz anders konzipiert seien als unsere, doch von der Form her hatte dieses Schiff bemerkenswerte Ähnlichkeit mit einer Nautilusmuschel, und soweit ich es beurteilen konnte, befanden sich keinerlei Bordwaffen darauf – was ich absurd, aber nicht sonderlich überraschend fand.

Ich will damit sagen, dass die Hathoren sich verteidigen, indem sie ihr Energiespektrum nach oben oder unten verschieben. Sie beteiligen sich nicht an einem Kampf, sondern verschwinden einfach aus dem Raum, wenn eine Konfrontation drohen könnte. Diese Strategie ist ganz anders als die der Arcturianer. Unsere Sternenschiffe sind mit einem Aufgebot an komplexen Technologien und Bordwaffen ausgerüstet. Es gibt im ganzen uns bekannten Universum keine Sternenschiffe, die so wehrhaft sind wie unsere – wobei ich betonen möchte, dass wir nur vom uns bekannten Universum sprechen können ...

Was ich besonders interessant finde ist die duale Natur der Allianz zwischen uns Arcturianern und den Hathoren. Die Hathoren greifen niemals ein. Wir dagegen zögern niemals, einzugreifen, wenn es nötig wird. Die Hathoren vermeiden Konfrontationen. Wir dagegen werden einem notwendigen Konflikt nicht aus dem Weg gehen. Die Hathoren befinden sich in einem Schwingungszustand der Liebe und Ekstase, und das ist ihre Gabe an jene, die das große Glück haben, sich in ihrer Gegenwart aufhalten zu dürfen.

Dieses einzelne Hathorenschiff befand sich einige Zeit lang im Milchstraßensektor, und sie fühlten sich untrennbar angezogen von der blauen Kugel eures Planeten. Doch ihr erster Stopp war die Venus, und die dortigen rohen Energetiken und die gasförmige Natur der Atmosphäre fanden sie – sagen wir einmal – vielversprechend.

Doch ihr Hauptinteresse war die Erde. Über etwa zwei Millionen Jahre hinweg sammelte dieses einzelne Hathorenschiff Daten und Informationen, und dann gaben sie Bescheid, dass nichts dagegen sprach, die Hauptgruppe zu schicken.

Vier unserer Sternenschiffe kehrten zurück zu dem Posten am Sternentor des Sirius, und dreizehn nautilusförmige Schiffe der Hathoren erschienen in diesem Universum. Wir eskortierten sie zur Venus, wo sie in einer gemeinsamen Konferenz mit uns ihren Plan darlegten, wie sie wohltuenden Einfluss nehmen wollten. Es wurde zwar auch Kontakt zu einer Gruppe von Atlantern hergestellt, doch hauptsächlich hielten sie Kontakt mit Lemuriern. Dies ist darauf zurückzuführen, dass die Atlanter hochvergeistigt waren. Die Lemurier hatten weiterentwickelte Herzen, also größere Kapazitäten für Gefühle.

Das passte vom Wesen her besser zu den Hathoren.

Als Atlantis und Lemurien fielen, wurden die Eingeweihten dieser verschiedenen Traditionen über die ganze Welt verstreut. Die Hathoren führten jene Eingeweihten, die dazu in der Lage waren, die Traumzeit aufzusuchen und dadurch ihren Anleitungen zu folgen, in die Region des heutigen Ägyptens. Eigentlich führten sie sie nach ganz Nordafrika, doch ihr Haupteinflussbereich war das heutige Ägypten.

Es war diese frühe prägende Phase der ägyptischen Kultur, in der sie sozusagen Wurzeln schlugen und durch die Tempel der Göttin Hathor arbeiteten. Sie erzählen davon in ihrem Buch *Die Weisheit der Hathoren*,[12] weshalb ich hier nicht näher darauf eingehen muss. Doch ich finde es interessant und paradox, dass es diese Allianz zwischen ihnen und uns gibt. Und bestimmt erinnert ihr euch daran, dass ich schon erklärt habe, wie sehr wir Arcturianer uns von Paradoxien und Dichotomien angezogen fühlen.

Immer, wenn die Hathoren das Bedürfnis verspüren, eine Energetik der Liebe freizusetzen, bei der es sich übrigens um eine unpersönliche Liebe handelt, oder eine Energetik der Harmonie, die aus ihrer Sicht nötig ist, um die Mission zu erfüllen, rufen sie uns und unsere Sternenschiffe herbei, und wir beschützen sie, während sie sich in einem speziellen Schwingungsbereich aufhalten. Der Grund liegt auf der Hand: Wenn ihre Aufgabe, positive, ausgleichende Energien abzugeben, es erforderlich macht, dass sie sich eine Weile in der fünften Dimension aufhalten, dann wären sie all jenen gegenüber schutzlos, die nicht wollen, dass es zu dieser Art der Ermächtigung kommt. Sie könnten angegriffen werden, während sie darauf warten, dass die Freigabe der Energetik abgeschlossen wird.

Da Zeit bei solchen Unternehmungen von größter Bedeutung ist, bewachen wir sie, während sie ihre Aufgabe vollbringen.

---

[12] Dieses Buch, eine überarbeitete Neuausgabe von *Die Hathor-Zivilisation*, erschien 2013 im Koha Verlag und ist auch bei Amra erhältlich. – *Die Red.*

Würden sie inmitten der Aussendung dieser ausgleichenden Energetik angegriffen werden, müssten sie, da sie keine Waffen besitzen, in eine andere Dimension wechseln. Wir aber besitzen welche, und so hat unsere Allianz zu diesem faszinierenden Arrangement geführt.

Sie sind hier, um Samen der Harmonie und des Gleichgewichts auszubringen, damit ein Raum entstehen kann, in dem niemand angegriffen wird und auch niemand angreift. Doch dazu müssen sie von Kriegern geschützt werden. In dieser Allianz sind wir also ihre Beschützer, und da ich sie in dieses Universum eingeladen habe, trage ich nicht nur beruflich, sondern auch persönlich die Verantwortung dafür.

Zur Freisetzung der Energie vereinen sie ihr Bewusstsein und erzeugen einen Bolus[13] aus Energie, den sie dann freigeben. Sie nutzen dabei keine Technologie in unserem Sinn. Ihre Technologie ist die direkte Anwendung von Intention auf die Lichtreiche. Diese Energetik leiten sie dann auf die Dimension, mit der sie gerade arbeiten.

All dies führt uns unaufhaltsam zum aktuellen Augenblick eurer Geschichte. Es gibt Kräfte und Gegenkräfte. Einige dieser Kräfte und Intelligenzen sind nicht an eurem Wohlergehen interessiert. Sie teilen unser Interesse an der Verbesserung von Leben, Intelligenz und Freiheit nicht.

Tatsächlich arbeiten sie auf das genaue Gegenteil hin. Und ihr, die ihr jetzt auf der Erde lebt, seid Zeugen und bis zu einem gewissen Grad auch die Miterschaffer einer Welt im Übergang.

Ich kann mir vorstellen, dass einige von euch, die dies lesen, sich vielleicht fragen, was wir damit sagen wollen. Wir könnt ihr als Menschen zum jetzigen Zeitpunkt euer höheres Potenzial erlangen?

---

13 »Bolus« leitet sich von dem griechischen Wort für »Wurf« oder »Schuss« ab. Medizinisch handelt es sich um die einmalige Gabe eines Medikaments, pharmakologisch um eine »große Pille«. Weiße Tonerde, ein Trägermittel für Arzneien, wird auch als »Bolus alba« bezeichnet. – Die Red.

Ihr befindet euch mitten in einem Kampf zwischen jenen, die euch befreien wollen, und jenen, die euch gefangen halten wollen. Manche unter euch hoffen auf Intervention, und diese findet auch statt. Aber es gibt etwas, das ihr über die arcturianische Technologie wissen solltet.

Ein Sternenschiff von einer Dimension in eine andere zu bewegen verbraucht unfassbar viel Energie. Die atomare Struktur unserer Gefährte von der fünften in die dritte Dimension zu verschieben, wäre aus technischer Sicht ausgesprochen anspruchsvoll. Wir sind zwar dazu in der Lage, tun es aber nur in den allerdringlichsten Fällen. Mit anderen Worten: Würden wir vom fünftdimensionalen in den dreidimensionalen Raum wechseln, könntet ihr uns sehen und in euren physischen Körpern mit uns interagieren. Doch die Anforderungen an die Energiesysteme in unseren Gefährten wären extrem hoch.

Es gibt weitaus elegantere und meisterlichere Möglichkeiten zu intervenieren.

Ein Weg, auf dem wir intervenieren, ist eure sogenannte Traumzeit, ein Schwebezustand der geistigen Aktivität. Manche bezeichnen ihn auch als Meditation. Diese Art der Meditation ist aber keine Flucht vor der Realität oder ein Verweilen in einem heiteren Gemütszustand, sondern eine Einstimmung von Verstand und Herz auf eine Bandbreite, auf der ihr mit uns kommunizieren könnt.

Wie ich anfangs schon sagte, sind Worte primitive Kommunikationsmittel. Aber wir sind eine pragmatische Spezies, also nutzen wir, was nötig ist. Deshalb will ich versuchen, euch den Kern unserer Botschaft in Worten zu vermitteln.

Man hat euch belogen. Man hat euch manipuliert. Ihr seid darauf konditioniert worden zu glauben, dass ihr viel kleiner seid als in Wahrheit. Eure Sicht wurde verschleiert. Ihr seht den Reichtum des Universums nicht, in dem ihr lebt. Ihr wurdet und werdet weiterhin abgeschnitten von der Kommunikation mit euren intergalaktischen Brüdern und Schwestern, die von Herzen zu Herzen und Verstand zu Verstand übertragen wird. Und mit intergalaktischen Brüdern und Schwestern meinen wir nicht nur Arcturianer und Hathoren, denn es gibt noch viele, viele weitere intergalaktische Zivilisationen, die mit der Menschheit interagieren.

Als Menschen zählt ihr zum intergalaktischen Adel. Ihr wurdet von vielen verschiedenen intergalaktischen Kulturen ausgesät. Ihr habt außergewöhnliche Gaben und Fähigkeiten erhalten, auch wenn sie derzeit nur latent in den ungenutzten Teilen eurer DNS vorhanden sind.

Als Arcturianer finde ich es absurd, dass Menschen sich selbst für so klein halten und verachten. Doch dafür sind eure Religionen verantwortlich!

Die Lügen, die von vielen eurer Religionen aufrechterhalten werden, sind ein Fluch für die Anhebung des Lebens, für Intelligenz und Freiheit.

Ich würde also sagen, dass eine der ersten Aufgaben, die euch bevorsteht – wenn ihr euer Potenzial als wahre menschliche Wesen voll entfalten wollt –, darin besteht, euer Herz, euren Verstand und euer Zellgedächtnis von den Lügen eurer Religionen zu reinigen.

Nun möchte ich meine Aufmerksamkeit dem Thema arcturianische Technologie zuwenden. Unser technologischer Fortschritt hat viele Ebenen und Aspekte. Einer davon bezieht sich auf die Lebensdauer.

Ich glaube, für erdgebundene Geschöpfe grenzt die Vorstellung, dass ich oder irgendein anderes Wesen Millionen Jahre alt sein könnte, ans Unwahrscheinliche oder sogar Unmögliche. Wie ich schon sagte, leben die Arcturianer in der fünften bis neunten Dimension. Der Großteil unserer Zivilisation hält sich in der fünften Dimension auf, und unsere Technologien machen sich die einzigartigen Eigenschaften von Licht zunutze. Wie ich ebenfalls bereits sagte, nutzen wir die Beherrschung gegensätzlicher Kräfte, und damit meine ich subatomare Kräfte und Quantendynamik.

In unserem fünftdimensionalen Körper umfasst unsere Lebensdauer mehrere tausend Jahre eurer Zeit. Doch ehe wir eine intergalaktische Zivilisation wurden, haben wir die Kunst der *Regenese* erlernt, eine Regeneration des physischen Körpers, in unserem Fall eben des fünftdimensionalen Körpers.

Diese Technologie der Regenese ermöglichte es uns, das Universum zu erforschen, ohne kryonische Techniken anwenden zu müssen. Die Regenese-Kammer ist ein an beiden Enden abgerundeter Schlauch, in den wir uns in verschiedenen Lebenszyklen begeben. Je schwieriger eine Situation ist und je mehr Lebenskraft sie uns nimmt, desto häufiger begeben wir uns in die Regenese-Kammer. Diese Technologie hat es mir ermöglicht, Millionen und Abermillionen Jahre lang zu leben. So konnte ich Bewusstseinsdimensionen erforschen und Fähigkeiten entwickeln, die mir vorenthalten geblieben wären, wenn ich auf meine natürliche Lebensdauer von einigen Tausend Jahren beschränkt gewesen wäre.

Bei meinen Entdeckungsreisen habe ich die Körper höherer Dimensionen erkundet und herausgefunden, dass die neunte Dimension mein liebster Energiezustand ist. Hier kann ich meine Gestalt und wertvolle Identität als Arcturianer aufrechterhalten, habe gleichzeitig aber direkteren Zugang zu den höheren Lichtreichen.

In der Realität der neunten Dimension zu existieren verleiht mir eine strahlende Präsenz, weshalb mich manche Leute als *Aufgestiegenen Meister* bezeichnen. Und hier stehen wir vor einem besonders interessanten Wahrnehmungsparadoxon.

Ich trage keine weiße Robe.

Ich bin ein Sektor-Kommandant, und meistens trage ich meine Uniform. Doch mein Energiefeld funkelt vor weißem Licht, das allerdings nichts weiter als eine physikalische Funktion ist. In einem niedrigeren Energiezustand nehmen selbst Arcturianer der fünften Dimension ein Glühen um mich herum wahr. Für ein Wesen der dritten Dimension kann meine Präsenz überwältigend sein, und da ich mich durch alle Dimensionen von der fünften bis zur neunten bewegen kann, haben einige Wesen, die mir begegnet sind, ihre Erfahrung falsch interpretiert.

Es ist wahr, dass ich charismatisch bin. Es ist wahr, dass mein Lichtkörper ein verblüffendes Schauspiel bietet, besonders für Wesen, die sich in den Realitäten niedrigerer Dimensionen aufhalten, und es ist wahr, dass ich mich mit relativer Leichtigkeit durch die Dimensionen bewegen kann. Doch diese Fähigkeit habe ich durch eine Mischung aus arcturianischer Technologie und persönlicher Forschung erlangt. Ohne die Regenese-Technologie hätte ich nicht die Zeit gehabt, diese Fähigkeiten zu erlangen.

Außerdem erlebt mich jeder, der mir begegnet, in Relation zu seiner eigenen Entwicklung – oder seinem Mangel an Entwicklung. Auf ein Wesen, das nichts von Quantenmechanik und Lichtformtechnologien versteht, wirke ich wie ein Gott.

Es kann den Anschein erwecken, als ob ich einfach in einer Dimension auftauche und wieder verschwinde. Doch das ist auf eine Verschiebung meiner Frequenz zurückzuführen, die ich an der Schnittstelle zwischen einem arcturianischen Gerät und meiner Intention durchführe. Ohne das Gerät könnte ich mich nicht durch verschiedene Dimensionen bewegen. Ich trage es immer bei mir. Es ist eine kleine Version eines größeren Mechanismus auf dem Sternenschiff. Er ermöglicht es dem Sternenschiff, seine Molekularstruktur auf Anweisung zu einer höheren oder niedrigeren Frequenz zu verschieben. Mein eigenes Gerät nutzt eine ganz ähnliche Technologie.

Ich befürchte, dass es ein Missverständnis über die aufgestiegenen Meister im Allgemeinen und mich im Besonderen gibt. Da mich ein Geschöpf mit einer niedrigeren Schwingungsrate – beispielsweise ein Mensch – durch den Tunnel seiner beschränkten Wahrnehmung und seines intellektuellen Verständnisses wahrnimmt, wird er meine Fähigkeiten verfälscht erfahren, außer er ist besonders intelligent oder in der Materie bewandert.

Aufgrund meiner charismatischen Energie, weil das Licht, aus dem sich meine höheren Dimensionen angehörigen Körper zusammensetzen, so intensiv ist und weil ich scheinbar übernatürliche Fähigkeiten habe, kann es vorkommen, dass ein Mensch in eine der größten und heimtückischsten Fallen tappt, die es für das menschliche Bewusstsein gibt: die Anbetung eines anderen Wesens.

Es stimmt, dass ich wohlwollend bin, aber das ist meine Natur als Arcturianer. Es stimmt, dass ich euch beschütze, denn das ist sowohl meine Natur als auch meine Mission. Es stimmt, dass ich der Wächter von Leben, Intelligenz und Freiheit bin – doch das macht mich weder allwissend noch allmächtig. Auch ich bin begrenzt, und auch ich habe Schwächen.

Ein Teil meiner Beschränkungen – und der aller Arcturianer und aller intergalaktischer Wesen – bezieht sich auf die von mir genutzten Technologien und mein Verständnis des vorhandenen Potenzials. An dieser Stele interagieren der Charakter eines Wesens und die Technologie, um positive Ergebnisse oder böswillige Intentionen zu erzeugen.

Es gibt Geschöpfe, die ihr wohl als außerirdische Intelligenzen bezeichnen würdet, die über eine sehr fortschrittliche Technologie verfügen, aber einen höchst suspekten Charakter haben. Manche dieser Geschöpfe sind unfassbar arrogant, verfügen aber gleichzeitig über eine mächtige Technologie – aus unserer Sicht eine sehr schlechte Kombination.

Einige der rachsüchtigen »Götter« eurer Religionen fallen in diese Kategorie. Andere Religionen sprechen von mildtätigen Göttern, und diese sind schon eher nach unserem Geschmack.

Aber ich möchte, dass ihr wisst, dass sie nicht »göttlicher« sind als ich. Sie wurden einfach nur durch die Brille des begrenzten Verständnisses eines primitiveren Volks wahrgenommen. Es ist schwierig, wenn nicht unmöglich, die wahre Natur der Realität einer höheren Dimension zu verstehen, wenn man sich selbst in einer niedrigeren Dimension aufhält. Alles, was ihr in einer niedrigeren Dimension in Bezug auf ein Wesen aus einer höheren Dimension erleben könnt, sind die Nebenwirkungen der energetischen Begegnung und die besonderen dimensionsspezifischen Begrenzungen der Wahrnehmung.

An dieser Stelle möchte ich eines der wohlwollenden Wesen erwähnen. Ihr kennt es als Jesus von Nazareth. Ich kenne es als Arcturianer.

Er ist der mitfühlendste und wohlwollendste Arcturianer, den ich jemals kennengelernt habe, und er hat die arcturianischen Technologien auf eine Weise angewendet, die kein anderer Arcturianer jemals nachahmen konnte. Aber davon wird er selbst mehr erzählen.

Ich halte es für möglich, dass einige, die dies lesen, an diesem kritischen Punkt eine Glaubenskrise erleben könnten. Wenn diese Enthüllung kognitive Dissonanzen in euch auslöst, solltet ihr wissen, dass die Gestalt dieses Arcturianers nicht minder bedeutend wird, nur weil er arcturianische Technologien genutzt hat. Was ihn nämlich erhebt, sind sein Charakter und seine Intentionen. Und ihr solltet wissen, meine Erdlingsbrüder und Erdlingsschwestern, dass dasselbe auch für euch gilt. Was Ergebnisse herbeiführt, ist die Schnittstelle zwischen eurem Charakter und euren Intentionen einerseits sowie eurer primitiven Technologie andererseits.

Lasst mich in eurer Geschichte zurückgehen, um das näher zu erklären. Vor der Erfindung des Rades war eure Welt ein ganz anderer Ort, es war für die Menschen schwieriger, Dinge zu bewegen. Zwischen diesen frühen Menschen gab es charakterliche und intentionale Unterschiede, genauso wie es heute ist und immer sein wird.

Einige hatten eine wohlwollende Veranlagung und achteten nicht nur auf sich selbst, sondern auch auf andere in ihrem Stammesverband. Andere waren nichts weiter als Narzissten und scherten sich nur um sich selbst. Die Technologie des Rades ermöglichte es beiden, Einfluss auf die Welt zu nehmen.

Weit später, als das eintrat, was ihr die Industrielle Revolution nennt, beschleunigte sich alles. Noch schneller wurde es, als das eintrat, was jetzt als Informationszeitalter bezeichnet wird. Doch noch immer gilt dasselbe Prinzip.

Es gibt Menschen, die eure Technologien für wohlwollende Zwecke nutzen. Sie achten auf sich selbst und auf andere, während es gleichzeitig Menschen gibt, die nur auf sich selbst achten und eure immer fortschrittlicheren Technologien für ihre eigenen Zwecke einsetzen, ohne sich darum zu kümmern, was für Konsequenzen das für andere Menschen, andere Lebensformen oder den Planeten selbst haben könnte.

Nun möchte ich auf ein Paradoxon hinweisen. Ich sprach gerade von euren »primitiven Technologien«, danach aber auch von euren »immer weiter fortschreitenden Technologien«. Für euch ist eure Technologie ein sich beschleunigender Gigant, von dem eine gewaltige Faszination ausgeht. An unserem Standard gemessen wirken aber selbst eure fortschrittlichsten Technologien immer noch primitiv. Dennoch schreitet ihr schnell voran zu einem kollektiven Stadium, in dem ihr bereit seid, andere Planeten und schließlich auch die Galaxie zu erkunden.

Doch auf eure Spirale der menschlichen Zivilisation lässt sich das Grundprinzip anwenden: Werdet ihr im Universum eine wohlwollende oder eine böswillige Kraft sein?

Lasst uns über Kommunikation sprechen. Wie ich bereits sagte, kommunizieren wir Arcturianer bevorzugt auf einem Weg mit euch Menschen, den ihr als einen »meditativen Geisteszustand« bezeichnen würdet. Ich habe auch angedeutet, dass ich durch »kosmische Kontemplation« über Sirius gereist bin, um zusammenhängende Universen zu erkunden. Bestimmte meditative Geisteszustände können als Medium zur Kommunikation mit anderen Arcturianern genutzt werden.

In der Mitte eures Kopfes befindet sich ein Wahrnehmungsorgan, das als Zirbeldrüse bezeichnet wird. Mit »Wahrnehmungsorgan« meine ich hier keine Wahrnehmung, die über die fünf Sinne erfolgt. Ich meine das Wahrnehmen von Informationen aus anderen Bewusstseinsdimensionen. Wenn ihr in einen Ruhezustand geistiger Stille eintretet und eure Aufmerksamkeit auf die Zirbeldrüsenregion richtet, könnt ihr deren latentes Potenzial als Empfänger für kosmische Informationen aktivieren.

Sie ist so etwas wie der Tuner an einem Radio oder Fernseher. Sie stellt sich auf bestimmte Frequenzbereiche ein und erhält dadurch Zugang zu allen Informationen, die in diesem Frequenzbereich gesendet werden. Euer Universum ist ein Füllhorn gesendeter Informationen. Ihr existiert in einem Meer aus Schwingungsanregungen und Übertragungen von Wissen und Informationen aus einem Bereich des Kosmos in einen anderen. Diese Informationsübertragung, die über die Zirbeldrüse empfangen wird, ist nicht an die Lichtgeschwindigkeit gebunden, sondern läuft unmittelbar ab. Es ist eine der latenten menschlichen Fähigkeiten, Zugang zu kosmischen Unterhaltungen zu erhalten und sie mitzuhören.

Dass ich euch dieses Wissensfeld eröffne, birgt auch ein gewisses Maß an Verantwortung, und deswegen möchte ich euch auf die Gefahren hinweisen, ehe ich erkläre, wie man seine Zirbeldrüse nutzt – auch wenn einige von euch schon wissen, wie es geht.

Wenn ihr euch in einem aufgewühlten geistigen oder emotionalen Zustand befindet, solltet ihr es besser vermeiden, euch auf die kosmischen Unterhaltungen des Universums *einzustimmen*. Eure emotionale Schwingungsrate beeinflusst nämlich die Qualität und Genauigkeit, mit der die Informationen übertragen werden. Nur weil ihr ein Gespräch, einen Informationsfluss oder Wissen empfangt, heißt das noch lange nicht, dass es auch genau und zutreffend ist.

Wie ich schon sagte, gibt es außerirdische Intelligenzen, die wohlwollend sind, und andere, die böswillig sind. Ich möchte hinzufügen, dass manche außerirdischen Intelligenzen zu ausgesprochen hohen geistigen Leistungen in der Lage sind, andere dagegen ziemlich dumm sind, um es unverblümt zu sagen.

Wenn ihr mit der geistigen Brücke zwischen euch und uns Arcturianern experimentieren möchtet, gibt es ein paar Dinge, die ihr lernen müsst. Doch einige von euch sind sozusagen so stark verdrahtet, dass sie nicht in einen gelassenen ruhigen Geisteszustand eintreten müssen, um Kontakt aufzunehmen. Diese können die Gnosis oder direktes Wissen empfangen. Die meisten Individuen müssen allerdings in einen Ruhezustand eintreten, um die geistige Brücke nutzen zu können. Es gibt viele, viele Methoden, um sich in einen solchen geistigen und emotionalen Ruhezustand zu versetzen. Eure alte Tradition der Yoga-Meditation bietet verschiedene Ansätze hierzu.

Für den Anfang des wunderbaren Experiments der intergalaktischen Kommunikation und der Kommunikation zwischen den Spezies will ich euch einen dieser Ansätze vorstellen. ich sollte dabei aber nicht unerwähnt lassen, dass diese Methode auch zur Kommunikation mit Tieren genutzt werden kann.

Für die meisten Individuen ist es am einfachsten, die Atmung zu nutzen. Konzentriert euch einfach auf eurer Ein- und Ausatmen. Es ist wichtig, dass ihr dabei euren Atemrhythmus nicht verändert. Lasst euren Atem seinem eigenen Pulsieren folgen. Konzentriert euch dabei auf die Lücken zwischen eurem Aus- und eurem Einatmen.

Irgendwann werdet ihr bemerken, dass eure Atmung flacher wird. Dies bedeutet, dass sich euer Körper/Geist-Komplex beruhigt. Doch ihr müsst abwarten, bis dies von selbst eintritt. Ihr könnt es nicht erzwingen. Ihr müsst geduldig sein.

Wenn ihr euch weiter auf die Lücken zwischen Ein- und Ausatmen konzentriert, werdet ihr bemerken, dass die Lücken länger werden. Vielleicht setzt euer Atem auch aus. Macht euch keine Sorgen. Ihr werdet wieder atmen, wenn es nötig ist.

Wenn eure Atmung sehr flach wird und/oder ganz aussetzt, habt ihr einen Augenblick der Stille erreicht. Richtet nun euer Gewahrsein auf die beiden Zentren eurer Aufmerksamkeit: die Zirbeldrüse in eurer Kopfmitte und die Lücke zwischen eurer Ein- und Ausatmung. Dabei werdet ihr einen noch tieferen Ruhezustand erreichen.

Für das erste Miniexperiment müsst ihr wiederholt diesen körperlichen und geistigen Ruhezustand einnehmen.

Und wenn ihr euch dann mit dieser Methode vertraut fühlt, geht ihr den dritten und letzten Schritt: Während ihr euch auf die Zirbeldrüse konzentriert, richtet ihr eure Intention auf die Öffnung einer geistigen Brücke zwischen euch und dem Arcturianer – oder mit wem auch immer ihr kommunizieren möchtet. Danach wird ein ganzer Strom von Eindrücken in euch hineinfließen. Denkt nicht über diese Eindrücke nach. Lasst einfach zu, dass ihr sie erhaltet.

Wenn ihr in dieser Methode geübter werdet, seid ihr irgendwann in der Lage, den Tuner sozusagen fest auf den Frequenzbereich einzustellen, mit dem ihr kommunizieren wollt.

Wenn ihr Erfahrungen damit gesammelt habt, werdet ihr die Schwingungsqualität oder das Gefühl, dass ihr euch im richtigen Bereich befindet, sofort erkennen.

Ich möchte verdeutlichen, welche Verantwortung ihr als Empfänger tragt. Zunächst einmal muss euch klar sein, dass ihr alle Arten von Eindrücken empfangen könnt, solange ihr nicht gelernt habt, euch durch eure Intention fest auf bestimmte Frequenzen einzustellen. Einige von ihnen sind rein, andere gemischt. Einige sind genau und zutreffend, andere nicht.

Wenn ihr einem Wesen begegnet, das euch sagt, was ihr tun müsst, solltet ihr diese Wesenheit in Zukunft meiden. Euer unabhängiger Wille ist eine eurer größten Stärken, und wenn ihr ihn aufgebt, leistet ihr damit euch selbst und eurer ganzen Spezies einen Bärendienst.

Dies gilt wie gesagt auch für Wesen, die ihr für spirituelle Wesen halten könntet, die von euch aber oft nur aufgrund dimensionaler Differenzen so wahrgenommen werden.

Wenn ihr beschließt, euch auf das große Experiment der Kommunikation mit anderen Arten und Galaxien einzulassen, liegt die Verantwortung für das Ergebnis einzig bei euch. Ich werde das nicht noch einmal sagen, weil ich Redundanz nicht mag, doch hier ist eine letzte Wiederholung dennoch nötig: *Die Bürde der Verantwortung lastet auf euch.*

Ich teile diese Informationen mit einer wohlwollenden Absicht, denn ich glaube an die Anhebung von Leben, Intelligenz und Freiheit. Aber wie ihr diese Informationen empfangt, ist eure Schöpfung und eure Verantwortung, und deswegen rate ich euch, dies große Experiment erst zu wagen, wenn ihr euch diese Tatsache klargemacht habt.

Die Menschheitsgeschichte

Ich erwähnte bereits meine Interaktion mit einem Wesen namens Esura, einer Frau mit außergewöhnlichen Fähigkeiten und von ebenso außergewöhnlicher Intelligenz – den Eigenschaften, die wir Arcturianer im faszinierendsten finden, denn wir vereinen uns gerne mit Wesen von hohem Kaliber.

Wie ich schon sagte, verliebte ich mich in dieses Wesen. All das geschah vor etwa zehn Millionen Jahren in der Erdgeschichte – vor dem *Homo sapiens*.

In Wahrheit war sie ein fünftdimensionales Wesen. Sie experimentierte mit ihrer Verschiebung in die dritte Dimension. Ihr würdet sie als Ephemer bezeichnen, und ich meine das als Nomen, nicht als Adjektiv. Damals – und schon Zehntausende von Millionen Jahren zuvor – gab es auf der Erde Wesen der fünften und höherer Dimensionen. Sie waren von ihrem Wesen her ephemer, also kurzlebig und irgendwie flüchtig, und die geologischen Unruhen hatten keine Auswirkungen auf sie. Sie experimentierten mit den Eigenschaften von Materie, und einige von ihnen, die abenteuerlustigeren, mutigeren und neugierigeren, wechselten zeitweise in dreidimensionale Formen.

Sie verweilten immer nur sehr kurz in ihren dreidimensionalen Gestalten und kehrten dann in ihren fünftdimensionalen oder höheren Zustand zurück. Unter den Ephemeren gab es große Diskussionen über die positiven Auswirkungen sowie die Gefahren und Einschränkungen eines längeren Aufenthalts in dreidimensionaler Form.

Wie ich schon sagte, begannen Esura und ich unsere Beziehung in der fünften Dimension, und im fünftdimensionalen Raum hatten wir eine Gestalt. Tatsächlich haben wir in der fünftdimensionalen Realität so wie ihr Menschen auch Körper, die allerdings sehr viel schneller schwingen als dreidimensionale Körper.

Nachdem ich als intergalaktisches Wesen Esura geliebt und sie meinen Samen empfangen hatte, senkte sie ihre Schwingungsrate ab in die dritte Dimension, um zu sehen, wie sich das anfühlen würde. Dann kehrte sie mit diesem Kind, das eine Mischung war aus einem Arcturianer und einem Ephemer, der gleichzeitig ein Mensch war, zurück in die fünfte Dimension. Esuras Gestalt war menschenähnlich, wie die vieler Ephemere.

Und hier stehen wir vor einer faszinierenden Anomalie und der unsichtbaren Wurzel eurer Biologie.

Wir sprechen von einem Zeitpunkt, der Millionen Jahre in der Vergangenheit liegt, vor dem ersten *Homo sapiens*, vor den Neandertalern. Die Ephemere, die in den dreidimensionalen Raum abstiegen, taten dies wie schon gesagt als Experiment. Es gab einen bestimmten Zeitraum, während dem ein Ephemer als biologische Wesenheit im dreidimensionalen Raum verweilen und danach in eine höhere Dimension zurückkehren konnte. Überschritten die Ephemere diesen Zeitraum, waren sie aber sozusagen in der Biologie der Wesenheit gefangen.

In der Anfangsphase ihrer Experimente mit dem Absinken von der fünften in die dritte Dimension wussten die Ephemere über dieses schmale Zeitfenster genau Bescheid. Doch über die viele Jahrtausende andauernden Experimente hinweg wurden einige von ihnen dreist und unvorsichtig.

In der Zeit vor den Neandertalern entdeckten die Ephemere, dass sie in die Körper von Tieren eindringen und die Welt durch die biologischen Nervensysteme dieser Tiere wahrnehmen konnten. Das Zeitfenster, in dem sie in der dreidimensionalen Realität sicher waren, gab es aber nach wie vor.

Einige der Ephemere machten bei ihren Ausflügen in die Körper von Säugetieren eine außergewöhnliche biologische Erfahrung. Ihr würdet sie als sexuellen Orgasmus bezeichnen. Die Ephemere fanden diesen Seinszustand äußerst faszinierend. Einige von ihnen waren sogar so fasziniert, dass sie das Zeitfenster vergaßen und es vorzogen, in ihren biologischen Gestalten zu verbleiben. Einige von ihnen blieben stecken und konnten nicht mehr in die fünfte Dimension zurückkehren.

Während dieses Zeitraums – vor zehn Millionen Jahren bis vor einer Million Jahren – sind viele intergalaktische Zivilisationen mit eurer Welt in Kontakt gekommen.

Und hier wird die Geschichte sehr komplex. Auf der Erde gibt es eine Rasse oder, wie ihr sagen würdet, eine Spezies von Säugetieren mit einzigartigen Besonderheiten. Diese Besonderheiten haben etwas damit zu tun, wo sich jene Vor-Menschen entwickelt haben.

Und wo wir schon bei diesem Thema sind, möchte ich anmerken, dass ein Teil des Stammbaums des Menschen bis in den Ozean zurückreicht. Es gab nämlich Menschen, die eine stärkere Affinität zum Ozean entwickelten und sich zu Meereslebewesen entwickelten, die Luft atmeten, aber auch menschenähnliche Züge hatten, und sie entwickelten sich parallel zu den Cetaceanern, den Delfinen und Walen.[14]

Die meisten dieser Wesen sind jetzt ausgestorben, doch einige kleine Grüppchen von ihnen gibt es heute noch. Ihr nennt sie Meermänner und Meerjungfrauen. Sie sind kein Mythos. Sie sind Realität, wenn auch eine, die bald verschwinden wird.[15]

---

[14] Faszinierende Details über das Leben der Cetaceaner auf der Erde und ihre Herkunft aus dem All erfahren Sie in dem wundervollen Buch *Bevor wir euch verlassen* von Patricia Cori, das auch achtzehn wohltuende farbige Klangbilder enthält. Auf www.AmraVerlag.de finden Sie weitere Informationen über Delfine und Wale in Büchern sowie auf CDs und einer DVD. – Die Red.

[15] Mehr über Meermenschen entnehmen Sie bitte dem umfangreichen Begleitbuch zu Lucy Cavendishs atemberaubendem Kartendeck *Orakel der Meerjungfrauen*, über das Sie sich ebenfalls auf www.AmraVerlag.de informieren können. – Die Red.

Unter den Vor-Menschen – und ich meine hiermit Vor-Neandertaler – vollzog sich eine Unterteilung in zwei verschiedene Bewusstseinsaspekte. Die einen von euch waren reine Säugetiere, eine kleinere Anzahl waren Ephemere, die in Säugetierkörpern steckengeblieben waren – die frühen Primaten.

Um es noch einmal in aller Deutlichkeit zu sagen: In der Frühgeschichte, also der Zeit vor siebenundzwanzig bis zehn Millionen Jahren, existierten die Ephemere in einer fünftdimensionalen Realität und experimentierten damit, in die dreidimensionale Erdrealität abzusteigen. Sie waren Bewusstseinsforscher.

Später dann, nachdem ich vor zehn Millionen Jahren Esura begegnete, experimentierten einige – aber nicht alle – der Ephemere damit, in die biologische Realität von Tieren abzusteigen, besonders die der ersten Primaten.

Und nun spulen wir vor zu der letzten Million Jahre eures Planeten, die äußerst interessant waren. In ihr zeigten sich intergalaktische Zivilisationen zunehmend fasziniert von eurem Planeten, weil sich auf ihm die Primatenintelligenz entwickelte. Sie war das Ergebnis einer eigenständig ablaufenden Biologie, die in Beziehung zur Evolution agierte, und verdankte sich in manchen Fällen auch der Anwesenheit von Ephemeren in ihrer Biologie. Die alten Griechen kannten sie als Nymphen.

Aufgrund der geologischen Veränderungen, die sich auf eurem Planeten vollzogen hatten, war die Erde außerdem sehr reich an Mineralien. Vor etwa vierhunderttausend Jahren stieß eine intergalaktische Zivilisation auf euren Planeten, die Annunaki. Sie befanden sich auf einer Goldsuche-Mission. Die Atmosphäre ihrer Welt begann sich zu verschlechtern, und ihre Wissenschaftler hatten herausgefunden, dass die Eigenschaften von Gold stabilisierende Wirkung auf ihre Umwelt hatten. Das Expeditionsteam entdeckte, dass euer Planet reich an Gold ist. Damals war auf der Erde noch weitaus mehr Gold vorhanden als heute.

Also schickten sie eine Mannschaft von Bergarbeitern, bei denen es sich um eine Mischung aus Annunaki und dem, was ihr Roboter nennt, handelte. Im Verlauf mehrerer Jahrhunderte entdeckten die Annunaki zu ihrem Missfallen, dass die Beziehung der Erde zur Sonne sowie die Erdatmosphäre schädlich für sie waren.

Sie suchten nach einer Lösung. Da sie ausgesprochen schlau sind, bemerkten sie, dass einige der Säugetiere, einige der Primaten auf der Erde, intelligenter waren als die anderen. Man konnte sie trainieren. Die Annunaki übersahen aber, dass es sich bei diesen Primaten um gefangene Ephemere handelte. Die Ephemere hatten einen Schimmer in den Augen, der ihre gesteigerte Intelligenz kenntlich machte.

Die Wissenschaftler der Annunaki beschlossen, diese Primaten zu kreuzen, und fügten einige Eigenschaften ihrer eigenen DNS in jene der ausgewählten Primaten ein, um eine neue Rasse zu erschaffen: den Menschen. Sie waren intelligenter und autonomer, aber leicht zu kontrollieren. Und so wurde das Abenteuer, wie wir es nennen wollen, *noch* komplexer.

Die Annunaki bestimmten, dass die Hybride zerstört werden sollten, sobald die Minenarbeit abgeschlossen war. Doch entgegen der Anweisung des Kollektivs ihrer Zivilisation gelang es einigen rebellischen Annunaki, ein paar ihrer Lieblinge zu retten.

Für diese unbedeutenden Primaten waren die Annunaki wie Götter.

Als die Annunaki den Planeten verließen und diese weiterentwickelten Primaten zurückließen, die sich nun irgendwie durchschlagen mussten, wurde der Same vieler Religionen ausgesät. Die neue Rasse wurde sozusagen aus dem Garten Eden vertrieben.

Nachdem die Annunaki verschwunden waren, interagierte eine Fülle anderer intergalaktischer Zivilisationen mit diesen Hybridmenschen, und entsprechend mischte sich noch weiter intergalaktische DNS in den menschlichen biologischen Genpool.

Aus diesem Grund sage ich, dass die Menschheit dem intergalaktischen Adel angehört. Insgesamt seid ihr von 23 oder 24 verschiedenen außerirdischen Zivilisationen beeinflusst worden.

In den tieferen Schichten des unterbewussten Gedächtnisses von euch modernen Menschen verlaufen deshalb zwei wichtige Wissensströme. Doch die Schwierigkeit mit unbewusstem Wissen liegt darin, dass es bewusste Handlungen erzeugt, die man sich aber selbst nicht erklären kann.

Die beiden Ströme, von denen ich hier spreche, sind die Ephemere in euch. In eurer Vorgeschichte blieben die Ephemere in den Primatenkörpern stecken, weshalb euch ein tiefes Gefühl des Gefangenseins in der Materie innewohnt, und eine tiefe Sehnsucht danach, nach Hause zurückzukehren, verbunden mit dem Eindruck, nicht dazu in der Lage zu sein.

Dieses Gefangensein ist übrigens ein Ergebnis der Schwerkraft, denn als eure Vorfahren, die Ephemere, von der fünften in die dritte Dimension abstiegen, nahmen ihre Körper Masse an, und wenn etwas Masse hat, dann steht es unter dem Einfluss der Schwerkraft. Deshalb habt ihr tief in eurem kollektiven Unbewussten das Gefühl, in die Materie gestürzt zu sein und nach Hause zurückkehren zu wollen, dies aber nicht zu können.

Der zweite Strom hängt mit der genetischen Manipulation zusammen, die die Annunaki an euch vorgenommen haben, um euch zu einer Sklavenrasse zu machen. Deshalb besteht in den Tiefen eures Unterbewusstseins eine Sehnsucht danach, es den Göttern *rechtzumachen*, sowie die Tendenz zur Unterwerfung und Anbetung – denn ihr versteht die wahre Realität oder Natur der Wesen nicht, die ihr als überlegen betrachtet.

Doch nachdem die Annunaki euch manipulierten, interagierten wie gesagt noch andere intergalaktische Zivilisationen mit euch. Einige von ihnen wollten euch ihre Eigenschaften und einige ihrer Fähigkeiten verleihen, von denen sie glaubten, dass sie euch nützlich sein würden. Doch wie ich am ganz am Anfang schon sagte, führen gute Absichten nicht immer zu guten Ergebnissen.

Jedenfalls sind viele der Eigenschaften, die ihr als kollektive Menschheit besitzt, das Ergebnis genetischer *Gaben*. Und ich möchte hinzufügen, dass einige eurer Konflikte nicht nur durch die Geschichte begründet werden, sondern auch dadurch, dass in verschiedenen Gegenden der Welt unterschiedliche außerirdische genetische Linien dominieren.

Die Schwierigkeit besteht darin, dass es von hier aus für jede der genetischen Linien anders weitergeht. Die Menschheit ist aus Sicht mancher *ein Ganzes*. Doch tatsächlich gibt es gegensätzliche Fraktionen, nicht nur auf kultureller, religiöser und politischer Ebene, sondern weil ihr ganz buchstäblich gegensätzliche genetische Stellungen einnehmt.

Das Potenzial dieser Zeit

Harmonisierung der Menschheit durch Homogenisierung der Menschheit ist keine sonderlich einfallsreiche Herangehensweise an diese Herausforderung – die Herausforderung eines planetaren Konflikts.

Es wäre weit besser – und dem Wohl der Menschheit dienlich – wenn die Wahrheit über außerirdische Interventionen und intergalaktische Zivilisationen vollständig enthüllt werden würde. Wenn die Menschheit ihre intergalaktischen Ursprünge und kulturellen Unterschiede verstehen würde, die nicht nur durch die Geschichte, sondern auch durch die außerirdischen genetischen Wurzeln jener Kulturen vorgegeben sind, würde die Menschheit weit besser dastehen. Eine intelligente Lösung besteht unter diesen Umständen in vollständiger Aufklärung. Die Menschheit vor der Wahrheit ihrer kosmischen Ursprünge zu schützen, ist nicht sonderlich einfallsreich.

Individuen, die der Mangel an Frieden auf der Welt entmutigt hat, könnten sich selbst besser helfen, wenn sie sich die Unterschiede zwischen den Völkern und ihren Kulturen genauer ansehen würden.

Tatsächlich würden sich planetare Konflikte viel leichter auflösen lassen, wenn alle beteiligten Parteien ihre jeweiligen intergalaktischen Ursprünge besser verstehen würden. Die aktuellen Konflikte zwischen dem Westen und dem Mittleren Osten sind nicht nur ein Konflikt der Kulturen, Perspektiven und Werte, der Sprache und der Religion. In mancher Hinsicht stehen auch die intergalaktischen Wurzeln, die genetischen Wurzeln dieser beiden Kulturen, miteinander im Konflikt. Diese Realität anzuerkennen würde die Entstehung einer intelligenteren Lösung ermöglichen.

So zu tun, als ob diese fundamentalen Unterschiede nicht existieren, ist keine Lösung. Doch wie ich schon sagte, fühlen wir Arcturianer uns von Dichotomien angezogen, und gegensätzliche Kräfte schrecken uns nicht ab. Vielmehr ist es häufig eine Synthese gegensätzlicher Kräfte, die zu kreativen Lösungen führt, und dies gilt ebenso für eure planetare Zwickmühle wie auch für kulturelle Konflikte.

An diesem einzigartigen Punkt in der Geschichte eures Planeten gibt es viele Möglichkeiten, die Menschheit zu verbessern. Ein Teil davon hat mit kosmischen Energien zu tun, die eure DNS und psychoneurologischen Prozesse beeinflussen. Teilweise liegt das an der Sonnenaktivität sowie an Anomalien im Magnetismus und dessen Interaktionen mit der Magnetosphäre eurer Erde. Außerdem aktivieren Energien, die im Zentrum eurer Galaxie entstehen, neue Potenziale. All dies wird durch die Mechanismen des Kosmos reguliert, nicht durch irgendeine äußere Kraft oder Intelligenz.

Ein weiterer Grund für diese Gelegenheit für die Menschheit, sich weiterzuentwickeln, hat mit der einzigartigen Situation zu tun, die sich in Hinsicht auf intergalaktische Kontakte bietet. Aufgrund der Veränderungen eurer Sonne und eurer technologischen Fortschritte, die es euch ermöglichen werden, eure Genetik zu verändern und andere Planeten zu erkunden, steht eure Spezies aus intergalaktischer Sicht an der Schwelle zu einer historischen Renaissance oder einer Katastrophe.

Im Ergebnis ist eure aktuelle Situation für viele intergalaktische Intelligenzen von großem Interesse, und in eurem Sonnensystem tummeln sich viele Besucher.

Dennoch bleibt abzuwarten, ob die Wahrheit über eure intergalaktischen Wurzeln Teil eurer allgemein geteilten Realitätsauf-
fassung wird oder nicht. Die Mächte, die euch kontrollieren und
manipulieren wollen, möchten nicht, dass diese Informationen
allgemeine Anerkennung finden. Sie glauben, dass dieses Wissen ihre Macht unterwandern und den Zusammenbruch ihrer
Institutionen auslösen könnte, da die Geschichte neu geschrieben werden müsste.[16]

Doch ganz gleich, ob eure Weltgemeinschaft diese Wahrheit
anerkennt oder nicht – ihr könnt sie selbst durch logische Schlussfolgerungen und einen genaueren Blick auf die Lügen und Wider-
sprüche eurer Religionen verifizieren. Und jenen unter euch, die
dazu abenteuerlustig genug sind, steht auch der direkte Kontakt
mit intergalaktischen Wesen offen.

Ich habe bereits eine einfache Methode zur Kontaktaufnahme mit anderen galaktischen und intergalaktischen Intelligenzen
durch einen meditativen Geisteszustand vorgestellt.

Nun möchte ich diese einfache Methode noch etwas erweitern,
damit jene unter euch, die für solche Wahrnehmungen bereit
sind, das Abenteuer wagen können, eure Besucher von fremden
Planeten zu erkennen.

Doch zunächst möchte ich einige Warnhinweise aussprechen.
Wie ich schon sagte, sind galaktische und intergalaktische Wesen
höchst unterschiedlich. Manche sind wohlwollend, andere nicht.
Einige von ihnen sind extrem intelligent, andere nicht.

Euer Sonnensystem und der Raum, der eure Erde umgibt, ist
ein Füllhorn voller intergalaktischer Besucher – eine bunte Mischung, wie ihr sagen würdet. Wenn ihr beschließt, die Fenster
eurer Wahrnehmung zu öffnen, dann habt ihr die Aufgabe, die

---

16 In diesem Zusammenhang sei auf die aufsehenerregende Entdeckung der Pyramiden in Bosnien im Jahre 2005 durch Dr. Sam Osmanagich hingewiesen, die
ebenfalls eine Neuschreibung der Geschichte verlangen. Es handelt sich um die
ältesten und größten Pyramiden der Welt, und sie sind auch noch energetisch aktiv.
Buch, DVD und CD hierzu finden Sie auf www.AmraVerlag.de. – *Die Red.*

Wohlwollenden von den Böswilligen und die Intelligenten von den Dummen zu trennen.

Meine erste Warnung ist redundant, denn ich habe diesen Punkt bereits erwähnt. Er ist jedoch so wichtig, dass ich ihn wiederholen möchte: *Wenn ihr Kontakt zu einer Intelligenz aufnehmt, die nicht von eurem Planeten stammt, und sie euch mitteilt, dass ihr etwas tun müsst, dann brecht den Kontakt wieder ab. Wenn ein Wesen euch einreden will, dass es euch die volle und ganze Wahrheit mitteilt, solltet ihr an seiner Aufrichtigkeit zweifeln.*

Achtet darauf, die für Menschen so typische Falle zu vermeiden, irgendeines dieser Wesen anzubeten, weil ihr es als etwas euch Überlegenes wahrnehmt. Derartige Einschätzungen sind einzig auf verzerrte Wahrnehmungen zurückzuführen, die auftreten, wenn man aus einem einer niedrigeren Dimension angehörigen Raum in die Realität einer höheren Dimension aufblickt. Ich will damit sagen, dass ihr euch selbst vielleicht *nur* als dreidimensionales Wesen wahrnehmt, und aus dieser Perspektive scheint ein Wesen aus der fünften oder einer höheren Dimension magische Fähigkeiten und übernatürliche Kräfte zu besitzen. Doch eine solche Wahrnehmung ist fehlerhaft. Sie wird verzerrt durch die Technologien, die diese Wesen aus höheren Dimensionen besitzen.

Ein klarer Nachthimmel bietet die beste Möglichkeit, die direkte Wahrnehmung von Wesen, die nicht von eurem Planeten stammen, und ihren Schiffen zu üben. Die Methode ähnelt den Anfangsschritten der Methode zur Kontaktaufnahme während meditativer Geisteszustände. Gleich danach solltet ihr einen Stern eurer Wahl ansehen. Vermutlich werdet ihr euch intuitiv für einen Stern entscheiden, der in Zusammenhang mit eurer eigenen genetischen Linie steht. Aber auch sonst ist dies ein guter Anfang.

Nun blickt ihr mit geöffneten Augen ins All hinaus und konzentriert euch dabei auf den Stern. Achtet auf die Pausen zwischen Ein- und Ausatmung. Im Gegensatz zur vorherigen Übung schließt ihr diesmal nicht die Augen. Beobachtet weiter den Stern. Je länger die Pausen zwischen Ein- und Ausatmung werden, desto flacher wird eure Atmung. Ihr taucht ein in einen Geisteszustand, der empfänglicher ist für alternative Wahrnehmungen. *Jetzt* seid ihr bereit, eure Aufmerksamkeit auf eure Zirbeldrüse in der Kopfmitte zu richten. Fokussiert euch dabei weiter auf die Lücken zwischen den Atemzügen und den Stern, den ihr betrachtet. Hauptsächlich aber sollte eure Aufmerksamkeit auf eurer Kopfmitte ruhen. Dann schickt ihr in das All vor euch eure Intention hinaus, dass ihr bereit seid, Kontakt aufzunehmen und Besucher zu sehen, die nicht von eurem Planeten stammen.

Wenn ihr lange genug mit dieser einfachen Methode arbeitet, werdet ihr Dinge am Nachthimmel erkennen, die ihr vorher nicht wahrgenommen habt. Ihr enthypnotisiert euch selbst und seht durch den planetaren Schleier hinaus in ein weitaus komplexeres und reicheres Universum, als ihr es jemals für möglich gehalten hättet.

Doch ich möchte euch noch einmal warnen.

Wesen aus Realitäten anderer Dimensionen können wie Götter wirken, die übernatürliche Kräfte besitzen. Und manche Intelligenzen, die nicht von eurem Planeten stammen, lieben es, angebetet zu werden. Diese Wesen sind es nicht wert, dass man sich mit ihnen abgibt. Fallt nicht der Verlockung zum Opfer, sie anzubeten. Und bildet euch nicht ein, dass sie gekommen sind, um euch zu retten. Sehr häufig sind sie aus reiner Neugierde so weit gereist, um zu sehen, was vor sich geht.

Macht euch bereit für das außergewöhnliche Schauspiel, das sich vor euren Augen zeigt, sobald sich bei euch der Schleier hebt. Der Schleier ist nichts weiter als eine Wahrnehmungsgewohnheit, die durch kulturelle Beschränkungen verstärkt wird. Wenn ihr es schafft, diese *kulturellen Beschränkungen* zu überwinden, hebt sich bei euch der Schleier.

Ihr tragt die DNS von unzähligen
intergalaktischen Zivilisationen in euch.
Und ihr macht gegenwärtig rasante Fortschritte
hin zur Entfaltung eures
höheren evolutionären Potenzials.
Ihr lebt in der Gegenwart,
tilgt die Fehler eurer Vergangenheit und
könnt euch dafür entscheiden,
eine glänzende Zukunft zu erschaffen.
Wenn ihr euch aber gegen die höheren Schwingungen
eures Potenzials entscheidet,
wird eure Vergangenheit euch zum Fluch, und ihr müsst
in einer Zukunft leben, die nicht lebenswert ist.

FREPHIOS

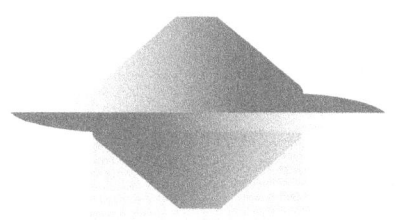

Ektara

Wissenschaftsoffizier

M an kennt mich unter dem Namen Ektara. Ich bin Wissenschaftsoffizier auf einem arcturianischen Sternenschiff, das für den Milchstraßensektor verantwortlich ist, zu dem auch euer Sonnensystem gehört.

Worte sind ein begrenztes Kommunikationsmittel. Da wir Arcturianer vornehmlich in der fünften Dimension leben, kommunizieren wir vor allem über telepathisch vermittelte Hologramme. Diese Form von geistigen Abbildern enthält weitaus größere Informationsmengen als die *Klanghappen* eurer auf Worten beruhenden Sprache.

Dennoch sind wir Arcturianer ein pragmatischer Haufen, und ich werde das nutzen, was mir zur Verfügung steht, selbst wenn es primitiv ist.

Als kollektive Zivilisation leben die Arcturianer wie gesagt größtenteils in der fünften Dimension, doch viele von uns sind in höherdimensionale Realitäten aufgestiegen. Allgemein gesagt ist die neunte Dimension das höchste Schwingungsgebiet, in dem wir uns niederlassen. Verglichen mit der fünften Dimension ist dies ein ausgesprochen aufgestiegener Zustand. Und es ist die neunte Dimension, in der sich bis heute eine der großen Gestalten unserer Zivilisation aufhält.

Sein Name ist Sanat Kumara, und er ist verantwortlich für den Raumsektor und Raumquadranten, den ihr die Milchstraßengalaxie nennt.

Genau wie ihr Menschen haben wir Arcturianer einzigartige, individuelle Sichtweisen. Auch wenn ich ganz allgemein über das arcturianische Kollektiv spreche, ist meine Wahrnehmung also wie die eure durch mein individualisiertes Bewusstsein gefiltert.

Als wir eine intergalaktische Zivilisation wurden, hatten wir unsere kulturelle Verpflichtung gegenüber Leben, Intelligenz und Freiheit bereits angenommen. Wir Arcturianer neigen deswegen dazu, alle Situationen durch die Brille dieser fundamentalen philosophischen Grundlage zu betrachten.

Vor ungefähr hundert Millionen Jahren Erdenzeit wurden wir galaktische Forscher. Schon damals trugen wir diese grundlegende Philosophie in uns. Wenn wir neuen Spezies begegneten, bestimmten dieser Filter und diese Ethik, ob und wie wir mit ihr interagierten.

Ich bin seit 700.000 Jahren Erdenzeit Wissenschaftsoffizier, und während dieser ganzen Zeit war ich in der Nähe eures Sonnensystems stationiert. Unsere Aufgabe war und ist es, das Leben zu schützen (wenn es denn Schutz verdient hat) sowie Intelligenz und Freiheit.

Als Menschen mit einer sehr begrenzten Lebensdauer fällt es euch vielleicht schwer zu verstehen, dass ein Wesen so alt sein kann. Doch im Vergleich zu anderen Arcturianern bin ich noch ein junger Kerl.

Als Wissenschaftsoffizier, der eure gesamte Evolutionsgeschichte beobachten konnte, faszinierte mich eure Spezies sehr.

Ich sollte kurz abschweifen und ein Hilfsmittel erwähnen, das uns Arcturianern große Dienste leistet. Wir nennen es Regenese-Technologie, und es ermöglicht es uns, unsere Lebensformen in der fünften Dimension länger zu erhalten, als es normalerweise der Fall wäre.

Als arcturianischer Wissenschaftsoffizier konzentriere ich mich auf die Evolution biologischer Lebensformen, elektromagnetischer Intelligenzen und die kulturellen Unterschiede auf eurem und anderen Planeten.

Ihr – gemeint ist die Menschheit – seid nicht das einzige interessante Spektakel. Ihr existiert in einem Universum, das angefüllt ist mit verkörperten und nicht verkörperten Intelligenzen und Wesenheiten. Die Tatsache, dass euch nicht bewusst ist, wie komplex Leben und Intelligenz in eurem Kosmos sind, ist darauf zurückzuführen, dass ihr die Welt durch ein primitives Nervensystem wahrnehmt und durch eure fünf Sinne begrenzt werdet. Außerdem seid ihr aus biologischer Sicht gefangen in der Schwerkraftquelle eures Planeten und der Sonne.

Doch als Einzelmenschen verfügt ihr bereits über unterschiedliche Ebenen einer Realität höherer Dimensionen, auch wenn ihr euch dessen nicht bewusst seid. So wie ich den Verlauf eurer Evolution einschätze, würde ich sagen, dass euer Potenzial in einer kollektiven Verschiebung in die Realität der fünften Dimension liegt – doch vermutlich verstehe ich unter *kollektiver Verschiebung* etwas ganz anderes, als ihr jetzt denkt.

In eurer irdischen Wissenschaft hat man ein ganz klares Verständnis über Wachstum und Verringerung von Informationen. Am besten lässt es sich durch eine Glockenkurve beschreiben.

Aus meiner Sicht ist die Grundfrage zweigeteilt: wie und wann.

Lasst uns erst das *Wie* bearbeiten, denn es ist leichter zu beschreiben.

Wenn ihr eine glockenförmige Linie zieht, befindet sich an deren linkem Rand nur ein sehr kleiner Zwischenraum. Je weiter sich die Linie hebt, desto größer wird der Raum zwischen ihr und der Grundlinie. Je weiter ihr der Linie folgt, desto größer wird der Raum, bis ihr die Maximalhöhe der Glockenform erreicht habt. Dann richtet sich die Kurve symmetrisch zur ersten Hälfte der Glockenform wieder nach unten – ein Spiegelbild sozusagen, da die zweite Hälfte der Glocke genau der ersten entspricht, nur eben verkehrt herum.

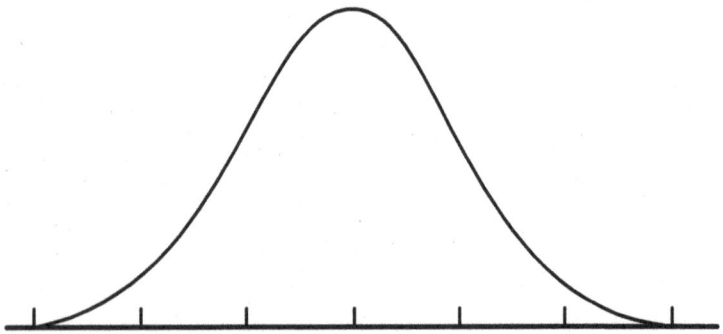

In der Biologie vermehren sich die meisten Organismen – selbst winzige Viren und Bakterien – in Form einer solchen Glockenkurve. Bei euch Menschen lässt sich eine ähnliche Schablone anwenden, nicht nur was den Bevölkerungsanstieg betrifft, sondern auch bei Aufkommen und Abebben von Krankheitswellen und dem Vorkommen von aufklärerischen Episoden in der Menschheitsgeschichte.

Mit *aufklärerischer Episode* meine ich den Höhepunkt einer bestimmten Glockenkurve. In diesem Fall wende ich sie auf eure Geschichte als Zivilisation an. In eurer Geschichte gab es zahlreiche Zivilisationen, von denen viele schon vor langer Zeit in Vergessenheit gerieten.

Diese Zivilisationen entstanden am geographischen Ort bestimmter menschlicher Populationen, und es kam vor, dass eine Gruppe ein gesteigertes Verständnis entwickelte, während ihre Nachbarn ignorant blieben. Was ihr als Renaissance bezeichnet, ist ein Beispiel für eine solche aufklärerische Episode. Die Renaissance entwickelte sich langsam aus kleinen Kollektiven von Menschen, die an dem Ort lebten, den ihr Italien nennt. Wie eine Glockenkurve erreichte die Entwicklung einen Höhepunkt und ging dann wieder zurück.

Alle Goldenen Zeitalter eurer Geschichte sind aufklärerische Episoden, und diese Goldenen Zeitalter folgen immer dem Verlauf einer Glockenkurve. Aus meiner Sicht befindet ihr euch in eurer

aktuellen Entwicklungskurve an einem ausgesprochen faszinierenden Punkt. Faszinierend, weil ich die Situation aus der fünften Dimension beobachte, doch für euch, die ihr sie durchleben müsst,
ist sie oft aufwühlend, besonders wenn eure Wahrnehmung durch
die Realität der dritten Dimension beschränkt ist.

Ihr tretet in eine Phase ein, in der sich die Zivilisation globali-
siert – und ob das zu eurem Vorteil ist oder nicht, wird sich noch
zeigen.

Auf jedem Fall entsteht gerade eine menschliche Zivilisation,
die planetarer Natur ist, sich also weder mit Nationalstaaten noch
mit einer bestimmten Landmasse identifiziert, sondern mit dem
gesamten Planeten. Wenn ihr in diese aufkeimende Realität über-
gewechselt seid, werdet ihr euch als Weltbürger betrachten.

Die Spielregeln werden sich drastisch verändern, wenn ihr euch in
diese Realität begeben habt. Und doch besteht das Paradoxon, dass
es zu dem Zeitpunkt, zu dem ich euch diese Informationen über-
mittle, Menschengruppen gibt, die hinsichtlich ihrer Wahrnehmung
noch in vollkommen unterschiedlichen Jahrhunderten leben.

Es gibt einige, die sich schon jetzt als Weltbürger sehen und
die Verantwortung als Verwalter des Planeten annehmen. Doch
gleichzeitig gibt es andere, die aus Gier den Planeten und andere
Menschen ausbeuten.

Es gibt jene unter euch, die die exquisite Schönheit der Evolution und die ihr innewohnende Intelligenz erkennen, und es gibt
jene, die denken, dass die Welt in sechs Tagen erschaffen wurde.
Einige wissen, dass die Sonne nicht auf eurer Erde auf- und untergeht, sondern diese Illusionen durch die Erdrotation verursacht
wird. Und gleichzeitig existieren Menschen, die glauben, dass die
Sonne auf- und untergeht, weil ihre Augen es ihnen sagen. Es gibt
sogar noch Menschen, die die Erde für eine Scheibe halten.

Auf eurem Planeten existieren gleichzeitig Menschen, die sich
die Glockenkurve des globalen planetaren Bewusstseins und der
Verantwortung für diesen Planeten hinaufbewegen, und Menschen, die noch außerhalb der Kurve stehen.

Jene im höheren Bereich der Glockenkurve, die sehen, dass eine Weltbevölkerung mit den ethischen Realitäten entsteht, und die ethischen Realitäten annehmen, die dieses Gewahrsein mit sich bringt, sind Wegbereiter. Sie sind Visionäre. Auf jene, die nicht Teil der Glockenkurve dieses Gewahrseins sind, wirken solche Visionäre nicht vertrauenswürdig. Tatsächlich kommt es sogar vor, dass die Wegbereiter als Gefahr eingestuft werden, da sie einen neuen Blickwinkel auf die Welt und das menschliche Potenzial einnehmen.

Ich nehme an, dass jeder, der diesen Text bis hierher gelesen hat, ein Wegbereiter oder Visionär ist, der das Aufkommen einer neuen Menschheit spürt. Ihnen möchte ich meine Glückwünsche und mein Beileid aussprechen. Meine Glückwünsche dafür, dass ihr eine höhere Intelligenzebene erreicht habt und die Möglichkeit einer neuen Realität erkennt. Mein Beileid, weil ihr euch manchmal vielleicht sehr einsam fühlt.

Vielleicht fühlt ihr euch als *Fremder in einer fremden Welt*, wie einer eurer Science-fiction-Autoren einmal schrieb.[17] Wenn ihr nämlich in die aufsteigende Glockenkurve eintretet, vertieft sich die Kluft zwischen euch und dem Kollektiv, das sich auf dem niedrigeren Teil der Kurve befindet. Was ihr ganz klar seht, liegt für andere vielleicht noch im Dunkeln. Metaphorisch gesprochen seid ihr eurer Zeit voraus. Je nach den Umständen, in denen ihr euch befindet,

---

[17] Das war Robert A. Heinlein (1907-1988). Neben Isaac Asimov und Arthur C. Clarke gehörte er zu den »Drei Großen« der amerikanischen Nachkriegs-SF. Er hatte sein 1961 erschienenes Werk *Stranger in a Strange Land* zehn Jahre lang zurückgehalten, bis die gesellschaftliche Entwicklung eine positive Aufnahme des Buchs ermöglichte. Die um ein Viertel gekürzte Fassung gewann 1962 den Hugo Award in der Kategorie bester Roman; erst 1991 gab Heinleins Witwe die ungekürzte Fassung aus dem Nachlass heraus. Mit »to grok/grokken« verwendet er darin einen Begriff (angeblich Marsianisch für »trinken«, im übertragenen Sinn auch für »verstehen/eins sein mit«), den der Psychologe und hawaiianische Heiler Serge Kahili King in den 1970ern für eine Heiltechnik übernahm: durch Resonanz/Visualisierung und empathisch gelenkte Energie veränderte Ergebnisse erzielen. Ein Buch über das *Grokken* veröffentlichten Jeanne Ruland und Anne-Mareike Schultz 2013 im Schirner Verlag. Die definitive deutsche Ausgabe des Romans von Heinlein erschien 2009 in der Reihe »Meisterwerke der Science Fiction« bei Heyne. – *Die Red.*

kann euch das Wissen Trost spenden, dass ihr eine neue Realität für die Menschheit aussät. Auf der anderen Seite habt ihr vielleicht aber auch das Gefühl, dass dieses Wissen ein Fluch ist.

Ihr lebt in einem dualistischen Universum, und jede Perspektive, wie erhöht sie auch sein mag, hat eine Antithese.

Einer der unglückseligen Aspekte der menschlichen Natur, den ich nun schon eine ganze Weile beobachtet habe, ist ihre Tendenz zur Engstirnigkeit, und paradoxerweise reagieren Einzelpersonen oder kollektive Gruppen immer aggressiver, je engstirniger sie sind, auf neue Möglichkeiten.

Doch eine wachsende Anzahl an Menschen erwacht aus dem Miasma und der Hypnose sowie der Manipulation, die Religionen und Regierungen angewendet haben, und so wird die Glockenkurve immer stärker. Es ist, als gäbe es einen Massenansturm an Menschen, die zuvor vollkommen unwissend waren, denen nun in Form eines vagen Gefühls aber halb bewusst wird, dass sie belogen wurden von jenen, denen zu gehorchen und zu denen aufzublicken man sie gelehrt hat.

Vielen Menschen fällt es sehr schwer, mit diesem Zerbrechen ihrer Naivität zurechtzukommen. Sie befinden sich in einem Niemandsland – oder sollte ich vielleicht sagen: »Nie*frau*sland«? (Nur ein kleiner politisch korrekter Witz, der etwas Gleichgewicht in der männlich/weiblichen Polarität auf eurem Planeten herstellen soll.) Dieses Niemandsland ist eine Phase in der Entwicklung des Menschen von einem begrenzten, auf Nationen und Religion bezogenen Identitätssinn hin zu einem globalen, planetaren und kosmischen Identitätssinn. Während dieser politisch schwierigen Phase haben die Menschen als Einzelpersonen noch zu keiner Lösung kommen können, sondern sind weiter hin- und hergerissen von den Lügen und der Manipulation, die seit der frühen Zeugung der Menschheit vor sich gegangen sind.

Wenn ein Mensch diesen Zustand hinter sich lässt und beginnt, sich als globaler Weltenbürger zu sehen, lässt er auch die Konflikte der Geschichte hinter sich. Stattdessen arbeitet der einzelne Mensch nun an der neuen Realität und führt sein Leben nach neuen, den Menschen und das Leben bejahenden Werten und Moralvorstellungen.

Unabhängig, was ihr als verkörperte biologische Lebensformen zu diesem Zeitpunkt in der Geschichte fühlen mögt, aus meiner Perspektive als wissenschaftlicher Beobachter wechseln gerade große Menschenmengen die Seiten. Sie lassen die alte Realität – und damit auch ihre Institutionen – weit hinter sich. Sie schmieden eine neue planetare Menschheit und ein neues Schicksal.

Ich bin mir sicher, dass dies jenen unter euch, die sich weiter oben auf der Glockenkurve befinden, etwas Trost spendet. Ihr seid nicht allein. Das ist die Botschaft, die ich euch mitgeben will. Andere Menschen aus eurer Spezies gesellen sich zu euch. Die Waage der Geschichte neigt sich zur anderen Seite.

Euer menschliches Potenzial

Euer Potenzial als Menschen ist in eurer intergalaktischen Herkunft verankert. Und die Hindernisse für eure Entfaltung als höhere Wesen werden durch territoriale Manipulation aufrechterhalten.

Lasst uns zunächst über euer Erbe sprechen, das nicht nur planetar, sondern intergalaktisch ist.

Während der sumerischen Periode eurer Geschichte stellte eine intergalaktische Zivilisation Kontakt zu euren Vorgängern, den ersten Primaten, her. Diese Wesen, die man als Annunaki kennt, befanden sich auf einer praktischen Mission. Sie suchten nach Gold, weil es dieses seltene Metall in ihrer Atmosphäre, wo es einen Gaszustand angenommen hatte, kaum noch gab. Ihre Atmosphäre setzte sich aus gasförmigen Goldpartikeln, vermengt mit anderen Gasen, zusammen.

Leider schwächte die Erdrotation um die Sonne die Biologie der Annunaki und verringerte ihre Lebenserwartung. Und die Roboterminenfahrzeuge hatten ihre Grenzen.

Auf der Suche nach einer Lösung beschlossen sie, sich einige weiterentwickelte Primaten zunutze zu machen. Sie manipulierten eure DNS, um Sklaven zu erschaffen, die den irdischen Teil der Minenarbeit erledigen sollten. Als die Annunaki genug Gold für ihre Zwecke geschürft hatten, verließen sie euren Planeten.

Jene (sehr frühen Versionen von Menschen), die von den Sternenreisenden verlassen wurden, begannen Geschichten über Götter zu erzählen, die von den Sternen gekommen waren.

Ein Wesen, das in der dritten Dimension lebt, kann, besonders wenn es primitiv ist, einem Wesen aus der fünften oder einer höheren Dimension, das wie im Falle der Annunaki eine fortschrittlichere Technologie nutzt, leicht übernatürliche Fähigkeiten zuschreiben.

Nach dem Experiment der Annunaki erkundeten noch weitere intergalaktische Zivilisationen euer Sonnensystem und interagierten mit den ersten Menschen. Dies fand in einer vorgeschichtlichen Zeit statt, womit ich sagen will, dass es abgesehen von den sumerischen Texten keine schriftlichen Belege darüber gibt.

Je nachdem, welche Klassifikation der intergalaktischen DNS man nutzt, kann man sagen, dass euch mehr als zwanzig intergalaktische Zivilisationen mit Aspekten ihrer DNS beschenkt haben. Ein Geschenk ist natürlich immer relativ zum Schenkenden und zum Beschenkten. Was der Geber als Geschenk betrachtet, kann für den Empfänger auch eine Last sein. Dies ist das Paradoxon der Realität.

Aus dieser Perspektive seid ihr intergalaktischer Adel, ein einzigartiges Hybrid aus biologischem Primaten und der DNS ausgesprochen fortschrittlicher Wesen. Die Codons eurer DNS-Helix[18] funktionieren in etwa genauso wie ein Schalter, der auf innere

---

18 Als »Codon« bezeichnet man die Sequenz von drei Nukleobasen, auch Triplett genannt, der kleinsten Einheit des genetischen Codes. Sie kodieren insgesamt zwanzig Aminosäuren, welche die Bausteine der Proteine sind, die wiederum als »molekulare Maschinen« auf vielfältige Weise für die Struktur und Funktion unserer Zellen sorgen. – *Die Red.*

und äußere Impulse reagiert. Einige der Codons in eurer DNS werden aktiv, wenn innere biologische Prozesse stattfinden.

Andere reagieren auf äußere Umwelteinflüsse. Das intergalaktische Erbe, das in Form von DNS-Codons kodiert ist, reagiert auf kosmische Auslöser. Es ist, als ob diese fortschrittlichen intergalaktischen Wesen, die euch Teile ihrer DNS geschenkt haben, die Codons darauf programmiert haben, auf zukünftige kosmische Auslöser und Umweltauslöser zu reagieren.

Als diese Codons in eure DNS integriert wurden, lagen diese kosmischen Kräfte noch in eurer Zukunft. Nun sind sie Teil eurer Gegenwart, und ihr werdet durch kosmische Kräfte aktiviert, die jenseits eurer Vorstellungskraft liegen. Diese kosmischen Auslöser strömen aus dem Zentrum eurer Galaxie und aus dem fernen Weltraum in euer Sonnensystem. Außerdem reagieren eure Codons auf Veränderungen eurer Sonne.

Diese ganze kosmische Aktivität stimuliert und aktiviert eure Codons intergalaktischen Ursprungs.

Euer Jetzt ist eure Zukunft geworden. Eure Zukunft ist euer Jetzt geworden.

Diese Massenaktivierung der Menschheit durch kosmische Auslöser setzt außergewöhnliche latente Potenziale im Menschen frei und wird es auch weiterhin tun.

Obwohl ihr euch mitten in diesem Prozess befindet und ihn deswegen vermutlich nicht erkennen könnt, befindet ihr euch im Zentrum der evolutionären Veränderung.

Eines der Hindernisse für euer menschliches Potenzial liegt in der begrenzten Perspektive auf die Geschichte. Viele eurer Religionen haben Wesen zu Göttern erhoben, die nicht übernatürlich waren, sondern nichts weiter als fortgeschrittene außerirdische Rassen.

Die Vergötterung dieser Geschöpfe hat negative Auswirkungen auf die Menschheit. Wenn ihr ein Wesen vergöttert, erhebt ihr es über euch. Ihr versucht, dieser Gottheit zu dienen, denn das wurde durch die Annunaki in eure DNS kodiert. Wenn ihr euch selbst intellektuell anhebt, um zu verstehen, dass ihr intergalaktischer Adel seid, dann werdet ihr begreifen, dass es niemanden gibt, vor dem ihr euch verneigen müsst. Ihr seid gleichgestellt.

Euer Verständnis mag zwar noch begrenzt sein, doch euer Potenzial ist es kaum.

Die Entmystifizierung und Entgötterung der Religion wird die Schleier über euren intergalaktischen Ursprüngen wegziehen. Wenn es euch gelingt, diese intellektuelle Aufgabe zu vollbringen, werdet ihr es viel einfacher finden, die kosmischen Auslöser zu durchleben.

Ehe ich zum Thema des arcturianischen Sternenportals übergehe, möchte ich euch unsere Intentionen und unsere Vorgehensweise verdeutlichen.

Wie ich zuvor schon sagte, ist es eine weit entwickelte Eigenschaft der Arcturianer, Leben, Intelligenz und Freiheit wertzuschätzen. Wir sehen uns in unserer Anwesenheit in eurer Galaxie als Beschützer mit einer wohlwollenden Absicht. Dies erstreckt sich auf euer Sonnensystem und euren Planeten. Doch die Situation ist multidimensional und sehr komplex. Wir glauben an die Freiheit von Wesen, ihre eigenen Entscheidungen zu treffen, solange sie damit keine anderen Wesen einschränken oder einkerkern.

Als jahrhundertelanger Beobachter eures Planeten bin ich an die arcturianische Übereinkunft gebunden. Dabei handelt es sich um eine kulturelle Übereinkunft zwischen allen Arcturianern, besonders jenen, die intergalaktische Forscher und/oder Beschützer sind.

Bis auf einige seltene Ausnahmen greifen wir nicht direkt in terrestrische Angelegenheiten ein. Doch obwohl ihr euch dessen nicht bewusst seid, reisen unsere Sternenschiffe durch euer Sonnensystem und eure Galaxie in die fünfte Dimension, und wir haben schon viele böswillige Eindringlinge von euch ferngehalten und werden dies auch weiterhin tun.

Ihr wisst es zwar nicht, aber es finden intergalaktische Schlachten statt zwischen jenen, die euch durch neue, noch fortschrittlichere Technologien weiter versklaven wollen, und jenen, die euch schützen wollen – so wie wir und einige andere. Wir sind nicht die einzigen, die zu eurem Wohl in eurem Raumsektor patrouillieren – wobei euer Wohl natürlich relativ zum Wahrnehmenden ist. Auch dies ist eines der Paradoxa des Universums.

Unsere Intention besteht darin, den Bereich des freien Willens dieser sich verändernden Menschheit zu schützen, euch über den Weg höherer Dimensionen zu schützen und euch die Freiheit zu ermöglichen, eure eigenen Entscheidungen zu treffen. Es ist unsere Hoffnung, dass ihr Entscheidungen treffen werdet, die Leben, Intelligenz und Freiheit steigern. Aber diese Wahl liegt bei euch, nicht bei uns.

Wir begreifen, dass jene unter euch, die eine terrestrische Existenz führen, historisch gebunden sind und manipuliert wurden, vielleicht das Gefühl haben, dass sie in dieser Sache keine Wahl haben und das Ergebnis weit außerhalb ihres Einflussbereichs liegt. Lasst mich diese Zwickmühle in eine biologische Metapher umformulieren. Es gibt bestimmte Arten von Kiefern, deren Samen erst sprießen, wenn sie durch Feuer stimuliert und aktiviert wurden. Dazu kommt es häufig bei Blitzeinschlägen und Trockenperioden.

Bei Niederschlagsmangel können Pinienwälder sehr stark austrocknen. Die Luft ist heiß, Gewitter bilden sich, und diese werden häufig von Blitzen begleitet. Nun schlägt ein Blitz in einen ausgetrockneten Baum ein, der Feuer fängt und den ganzen Wald in Brand setzt. Und während es für den Beobachter so aussieht, als ob der Blitz dem Himmel entspringt, entspringt er in Wahrheit der Erde.

Während sich das Feuer ausbreitet und die Pinienbäume verbrennen, werden die Samen dieser bestimmten Spezies lebendig. Das Feuer tötet sie nicht, und wo die Bäume ausgelöscht werden, wächst mit der Zeit neues Leben heran. Die Samen dieser bestimmten Pinienart sind wie eure intergalaktischen Codons. Die Kräfte, die sie auf den Kurs zu neuem Wachstum bringen, stammen von anderen Kräften, die weit außerhalb ihrer Kontrolle und ihren Manipulationsmöglichkeiten liegen.

Die kosmischen Auslöser, von denen ich gerade gesprochen habe, sind wie die Blitze. Eure menschliche Zivilisation steht in Flammen, in einigen Fällen gleichzeitig buchstäblich und bildlich gesprochen.

Die Manipulatoren haben keine Macht über diese kosmischen Auslöser, da diese nicht von eurem Planeten stammen. Und die Manipulatoren, die auf Verstärkung von ihren schurkischen intergalaktischen Helfern hoffen, werden enttäuscht. Das liegt darin, dass diese Raufbolde von unseren Sternenschiffen und anderen Allianzen intergalaktischen Ursprungs von euch ferngehalten werden.

Wie gesagt: Die Situation ist sehr komplex. Jene Menschen, die unsere Ankunft in einem dreidimensionalen Sternenschiff erwarten, verschwenden ihre Energie. Es ist eine unglaubliche Kraft nötig, um die Schwingungsrate unserer Sternenschiffe in die dritte Dimension herabzusetzen. Wenn es unbedingt nötig ist, können wir diese Leistung durch Lichtformtechnologie vollbringen, aber nur, wenn es sich wirklich nicht vermeiden lässt.

Was ich an diesem Punkt unserer Unterhaltung mitteilen möchte, ist, dass eure intergalaktischen Codons durch die bereits erklärten kosmischen Auslöser jetzt und in Zukunft aktiviert werden. Die Entfaltung neuer menschlicher Fähigkeiten in den nächsten hundert Jahren wird alle bisherigen evolutionären Sprünge der Menschheit in den Schatten stellen.

Die arcturianische Mission für den Planeten Erde

Ich möchte nun ein wenig über die arcturianische Mission für den Planeten Erde sprechen.

Wie ich bereits erklärt habe, verfolgt die arcturianische Zivilisation das Hauptziel, das Leben zu beschützen (wenn es denn Schutz verdient hat) sowie Intelligenz und Freiheit. Jeder dimensionalen Realität wohnen ihre eigenen Potenziale und Begrenzungen inne.

Als Zivilisation der fünften Dimension haben wir ein stark erweitertes Realitätsverständnis, und das spiegelt sich auch in unserer Sprache wider.

Unsere Sprache ist, um eure Begriffe zu bemühen, telepathische Holografie. Wir verfügen über Klänge, die wir verbal produzieren, doch sie sind reine Aktivatoren. Anders als in eurer Sprache sind sie keine Informationsträger.

Wenn ich also beispielsweise von eurer Evolution als Spezies spreche, sehe ich in meiner Muttersprache ein holografisches Bild vor meinem inneren Auge, das die gesamte Geschichte so zeigt, wie wir sie aufgezeichnet und wahrgenommen haben. All das kann ich meinen Mitarcturianern in sehr kurzer Zeit mitteilen. Der gesamte Kontext einer Entscheidung kann innerhalb von Nanosekunden kommuniziert werden.

Bei arcturianischen Problemlösungen ist der Kontext von zentraler Bedeutung. Wir kennen gerne die gesamte Geschichte eines Ereignisses oder einer Situation und seine Beziehung zu allen vorherigen ähnlichen Ereignissen und Situationen. Wir ziehen auch gerne die gesamten möglichen zukünftigen Realitäten in Bezug auf ein bestimmtes Ereignis mit in Betracht.

Diese gesamte Bandbreite, dieses holografische Informationsmeer, wird telepathisch von einem auf einen anderen Arcturianer übertragen. Das ist in ungefähr so, als würdet ihr alles Wissen, das ihr in euren Softwaredatenabfragesystemen gespeichert habt, in den Verstand eines anderen Menschen übertragen, nur dass wir keine Hardware, keine Computerschnittstellen oder nennenswerte Zeit dafür bräuchten.

Wenn ich jetzt zu euch spreche, muss ich also auf ein primitiveres Kommunikationsmittel zurückgreifen und brauche mehr Zeit, um die Grundlagen zu erklären.

Einige von euch, die diese geschriebenen Worte lesen, können Zugriff auf den arcturianischen telepathischen Wissenspool erlangen. Lasst mich näher auf dieses Thema eingehen, ehe wir fortschreiten.

Wenn ihr die entsprechende Veranlagung habt, seht ihr holografische Bilder oder erlebt dreidimensionale physische Empfindungen, während ihr dies lest. Diese feinstofflichen holografischen Eindrücke sind die tatsächliche Kommunikation. Worte können deren Tiefe nicht erfassen. Wenn ihr beim Lesen keinen Fluss von holografischen Eindrücken erlebt, dann braucht euch das aber keine Sorgen zu bereiten. Sobald ihr für diese Ebene menschlichen Potenzials bereit seid, wird sich diese Tür wie von selbst öffnen.

Jene unter euch, die eine arcturianische Veranlagung für telepathische Holografie haben, sollten sich beim Lesen dieser Worte auf ihre Zirbeldrüse in der Kopfmitte konzentrieren. Dies ist der Hauptort, an dem Menschen arcturianische Informationen empfangen.

Wenn ihr euch auf entspannte Weise fokussiert – und diese Worte sind sehr wichtig – auf *entspannte Weise fokussiert*, werdet ihr holografische Eindrücke erleben (wenn ihr eine arcturianische Veranlagung habt).

Nun, wo ich die Grundlagen zur Ermöglichung arcturianischer holografischer Telepathie hergestellt habe, möchte ich zu unserem eigentlichen Thema zurückkehren.

Unsere Mission für euren Planeten

Wie ich bereits am Anfang dieser Thematik erwähnte, hat jede Dimension ihre eigenen Potenziale und Begrenzungen. Das Potenzial einer Zivilisation der fünften Dimension wie der arcturianischen ist ihr erweitertes Realitätsverständnis.

Die Begrenzungen, die der Realität der fünften Dimension innewohnen, sind recht schwer zu verstehen. Sie kreisen nämlich um die Relativität der Wahrnehmung. Wir Arcturianer können uns *vorstellen*, wie es sich anfühlt, ein Mensch zu sein, umgeben von Zeit und Raum, beeinflusst durch die Schwerkraftquelle eures Planeten – aber wir können es uns eben nur vorstellen.

Dasselbe gilt für *eure* Vorstellung von der Realität der fünften Dimension. Wir sind beide eingeschränkt durch die dimensionale Realität, in der wir uns befinden.

So entsteht eine Zwickmühle für unsere Mission: Unsere Mission besteht darin, das Leben (wenn es denn Schutz verdient hat), Intelligenz und Freiheit zu schützen. Diese besondere Mission wurde von Sanat Kumara erstellt, und wir alle, die in diesem Quadranten arbeiten, stehen unter seinem Befehl und dienen dadurch letztlich seiner Vision davon, wie dem höheren Ziel von Leben, Intelligenz und Freiheit in eurer Dimension, eurem Sonnensystem und eurem Planeten zu dienen ist.

Aber: Wir wissen nicht, wie es ist, ein Mensch zu sein und all die Beschränkungen zu erleben, die Teil eurer biologischen Realität sind. Unsere Körper vibrieren viel schneller als eure, so wie unsere gesamte Welt und all unsere Technologien.

Als wir die Nachwirkungen der Goldsuche-Mission der Annunaki beobachteten, befanden wir uns deswegen in einer Zwickmühle der Wahrnehmung. Diese Zwickmühle ist auf einen generellen und wichtigen Grundton in unserer Zivilisation zurückzuführen. Die Werte einer Zivilisation – ob sie nun irdisch oder himmlisch, planetengebunden oder intergalaktisch ist – diktieren ihre Handlungen. Den grundlegenden Blickwinkel einer Zivilisation zu verletzen, wäre ihr Verderben. Es wäre, als würde man einen Faden aus einem Stoffstück ziehen.

Bei uns Arcturianern ist dieser übergeordnete Wert, das Leben (wenn es Schutz verdient hat), Intelligenz und Freiheit zu schützen, in die Lichtstränge unserer DNS kodiert.

Und um die Frage einiger Leser zu beantworten: Ja, wir Arcturianer haben eine DNS. Aber sie ist vollständig aus Licht zusammengesetzt und schwingt weitaus schneller als eure DNS. Während eure DNS aus zwei Strängen besteht, sind es bei uns 24. Das heißt nicht, dass sie besser ist als eure, sondern nur, dass sie anders ist.

Die Werte unserer Zivilisation sind also in unserer DNS kodiert. Für uns sind Werte kein rein geistiges Konzept wie für euch

Menschen. Sie sind Teil unserer Körperlichkeit. Sie sind fest in der Matrix unseres Seins verdrahtet.

Als Menschen besitzt ihr zwei DNS-Stränge, und in eurer DNS wiederum gibt es zahlreiche Codons, die noch aktiviert werden müssen. Wie ich bereits sagte, werden viele dieser Codons in eurer DNS durch kosmische Auslöser aktiviert – kosmische Kräfte, die sich eurer Kontrolle entziehen.

Da eure DNS von den Annunaki manipuliert wurde, um euch zu einer Sklavenrasse zu machen, ist in eure physische DNS eine Matrize kodiert, die euch dazu veranlasst, zu dienen und euch einer Macht zu unterwerfen, die stärker ist als ihr.

Dies gelang den Annunaki mithilfe fortschrittlicher Gentechnik. Es handelt sich einfach um eine Technologie, die fortschrittlicher war als eure heutige, doch im Prinzip ist es das Gleiche. Weiß man einmal, wie es funktioniert, kann man in die DNS-Struktur eines Wesens, eines physischen Wesens, eines Menschen, einer Kuh, eines Pferdes, eines Schweins, eines Apfels, einer Karotte vordringen. Es spielt keine Rolle, um was für einen Organismus es sich handelt.

Hat man einmal verstanden, wie man die genetischen Informationen in diesem Organismus manipuliert, dann kann man Verhaltensweisen programmieren.

Die Annunaki haben also die DNS eurer Vorfahren darauf programmiert, dass sie zu einer Sklavenrasse werden und einer Macht dienen, die sie als größer empfinden als sich selbst. Aus technischer und genetischer Sicht war das ein Meisterwerk der Annunaki, und als Wissenschaftler muss ich sagen, dass mich die Effizienz ihrer Gentechnik sehr beeindruckt.

Gleichzeitig macht all das mich als Arcturianer aber auch wütend, denn diese Manipulation hat euer Leben, eure Intelligenz und eure Freiheit negativ beeinflusst.

Das darf nicht sein, und das ist der Kern unserer Mission.

Dies bringt uns nun zu dem Paradoxon und der Zwickmühle, vor der wir stehen, wenn wir euch helfen wollen.

Wir müssen aus unserer Realität in der fünften Dimension heraus bestimmen, wie wir am besten Einfluss auf eine Realität mit niedrigerer Schwingung nehmen können, ohne ungewollt negative Konsequenzen auszulösen.

Unsere Mission verfolgt eine doppelte Zielsetzung, zwei parallele Strategien. Zunächst werde ich über die technologische Agenda unserer Sternenschiffe sprechen, dann über die Mikrotunnelstrategie.

Unsere Sternenschiffe patrouillieren in diesem Raumsektor, um euch vor Störungen durch solche ruchlosen Wesen zu schützen, die die Agenda der Annunaki in der einen oder anderen Weise fortführen wollen. Damit meine ich, dass sie euch zu Sklaven machen und ihrem Willen unterwerfen würden. Ich sehe keinen Zweck darin, unsere Begegnungen mit diesen intergalaktischen Tyrannen zu beschreiben, da dies für euch nichts weiter ist als der Stoff, aus dem Science-fiction ist.

Die Strategie unseres Sternenschiffsystems besteht also darin, den Raum um euer Sonnensystem und besonders in direkter Nachbarschaft eurer Erde vor der Intervention ruchloser Technologien zu schützen, die nicht von eurem Planeten stammen. Manchmal kommt es dabei zu kleineren Geplänkeln, manchmal zu regelrechten Schlachten. Zum Glück besitzen wir die fortschrittlichsten Technologien, jedenfalls soweit wir wissen.

Die zweite Strategie besteht darin, weitere Mikrotunnel für die Kommunikation mit Menschen zu öffnen. Dies dient dem Zweck, euren Verstand für die Wahrnehmung neuer Möglichkeiten zu öffnen, welche die Hülle aus Knechtschaft, Dummheit und Einkerkerung überwinden, die euren Planeten umgibt.

Ich meine damit keine physische Hülle, sondern einen planetaren Grundton, der durch eure Religionen und andere Institutionen erzeugt wird, die sozusagen die Agenda der Annunaki weiterverfolgen.

Wenn ich in diesen Worten zu euch spreche und von der »Agenda der Annunaki« rede, dann möchte ich, dass ihr etwas versteht.

Dies ist an jene Leser gerichtet, die eine arcturianische Veranlagung haben und beim Lesen meiner Worte ihre Aufmerksamkeit teilweise auf ihre Zirbeldrüse gerichtet haben.

Wenn ich »Agenda der Annunaki« sage, sehe ich ein holografisches Bild vor mir, das von den ersten Augenblicken eurer Manipulierung im Genlabor durch die gesamte verzerrte und verdrehte Geschichte eurer Spezies, durch die Konflikte zwischen den Renaissancen des Erwachens und den Kräften, die das verhindern wollten, reicht.

Gleichzeitig sehe ich ein Hologramm eurer gegenwärtigen Zeit. Ich sehe, wie jene, die euch weiterhin einschränken, einkerkern, verdummen und euer Leben nicht schätzen ... Ich sehe, wie diese »modernen« Menschen die Agenda der Annunaki weiterverfolgen. Aus dieser Sicht sind die Annunaki noch immer unter euch, auch wenn sie die Erde schon lange verlassen haben. Die brillante Kodierung eurer DNS spricht jene an, die die Agenda der Annunaki weiterverfolgen. Gleichzeitig gibt es aber eine wachende Anzahl an Menschen, die erwachen. Viele – wenn auch noch lange nicht genügend – durchschauen die Lügen.

Wenn das größere Potenzial in genügend Menschen erwacht, wird sich die Geschichte der Menschen radikal verändern, und deswegen haben wir Arcturianer beschlossen, weitere Menschen in die richtige Richtung zu stupsen, indem wir Mikrotunnel für die Kommunikation öffnen und ihnen Zugang zu unserer erweiterten Realitätswahrnehmung verschaffen.

Wie ich schon sagte, wurde diese Entscheidung getroffen, komme was wolle. Und dies sind unsere beiden Hauptstrategien.

Die Entmystifizierung der Ignoranz

Das Paradoxon, von der Realität der fünften Dimension aus mit der Realität der dritten Dimension zu kommunizieren, ähnelt einem Wasserstoffatom mit einem Elektron, das potenzielle Verbindungen aufweist.

Ähnlich wie ein Mensch existieren Wasserstoffatome in ihrem ganz eigenen Raum. Manchmal verbinden sie sich mit anderen Atomstrukturen, um neue Konfigurationen und neue Möglichkeiten zu erzeugen.

Nehmen wir beispielsweise die Verbindung von Wasserstoff und Sauerstoff. Getrennt voneinander sind sie beide gasförmig, ephemer und sehr flüchtig. Verbinden sie sich aber, wechseln sie in einen völlig anderen Zustand, den ihr Wasser nennt. Es ist Wasser, das vom Weltraum aus die visuellen Eigenschaften eures Planeten charakterisiert. Aus dem Raum betrachtet ist euer Planet vor allem blau.

Wie ihr Menschen versteht auch Wasser nicht, woher es kommt und wie es sich zusammensetzt. Entsprechend seiner Natur und von außen einwirkender Kräfte ruht es oder ist in Bewegung. Hätte Wasser ähnlich wie ihr Menschen ein Gewahrsein, könnte es verstehen, dass es zwei Drittel der Erdoberfläche bedeckt. Das wäre seine Realität. Doch es würde weder verstehen, dass es seine eigene Erschaffung der willkürlichen Verbindung zweier Gase verdankt, noch dass die dreidimensionale Realität lediglich eine Möglichkeit unter vielen ist.

Nur jene, die euren Planeten vom Weltall aus studieren, haben die Möglichkeit, seine Kreisbahn und die leuchtenden Farben auf seiner Oberfläche zu verstehen.

Historisch betrachtet sehen wir das Vordringen der Menschheit ins All und eure ersten Blicke auf die Erde aus dieser Perspektive als den Prüfstein für ein erweitertes menschliches Gewahrsein.

Bei den Menschen, die diese Fotos von der Erde aus dem Weltall gesehen haben, ist etwas mit ihrer Vorstellungskraft geschehen. Die zarte und zerbrechliche Natur und die exquisite Schönheit der Erde wurden für alle bis auf einige besonders dichte und intellektuell untalentierte Menschen deutlich sichtbar. Diese einfache Perspektivverschiebung – der Blick auf die Erde aus dem Weltall – öffnete ein Tor zu einem größeren planetaren Gewahrsein.

Die Möglichkeit, euren Planeten aus dem Weltall zu sehen, ist ein Schritt in die richtige Richtung – doch diese Perspektive ist nach wie vor an die dreidimensionale Realität gebunden.

Die Schwierigkeit, vor der ihr Menschen steht, hat etwas mit Hypnose zu tun, mit den Vorgängen in eurem Gehirn und eurem Nervensystem. Ihr haltet eure sinnliche Erfahrung der Welt für die gesamte Realität. Aber das ist nicht der Fall. Ihr lebt in einem weitaus größeren, komplexeren, geheimnisvolleren und seltsameren Universum, als ihr euch jemals vorstellen könntet.

Eure Sehfähigkeit ist das Ergebnis evolutionärer Entwicklungen in euren Sehnerven und den Sehzentren im Gehirn. Doch diese komplexen neurologischen Strukturen nehmen nur einen sehr kleinen Bereich des Energiespektrums wahr. Ohne Hilfe könnt ihr kein ultraviolettes Licht, keine Röntgenstrahlen und keine Gammastrahlung sehen, geschweige denn das höhere Spektrum, das eure Wissenschaft noch nicht einmal entdeckt hat. Da eure sinnliche Erfahrung der Welt so weitläufig ist, haltet ihr sie für real. Aber was auch immer ihr spürt, sei es durch Augen, Ohren, Gefühle, Tastsinn oder Geruch – es handelt sich immer nur um einen Bruchteil dessen, was vor euch liegt.

Erdgebundene Intelligenzen

Es gibt Wesen in anderen Bereichen des elektromagnetischen Spektrums, die ihr nicht spüren könnt. Doch sie leben unter euch, auf dieser Erde. Wir sprechen hier nicht über Außerirdische aus dem Weltall. Ihnen widmen wir uns gleich. Wir sprechen von Mitbewohnern auf eurem Planeten.

Wenn ihr euch an die Möglichkeit gewöhnt, das größere Universum um euch herum zu spüren, entdeckt ihr vielleicht, dass das, was ich sage, wahr ist. Für jene unter euch, die noch immer im Gefängnis der Schwerkraft eingesperrt und auf dieses konditioniert sind, müssen unsere Worte allerdings klingen wie ein Mythos.

Eure schamanischen Traditionen auf der ganzen Welt sind sich dieser Wesen bewusst, die in anderen Bereichen des elektromagnetischen Spektrums existieren. Schamanen bezeichnen sie häufig als Geister oder Spirits, aus unserer Sicht halten sie sich aber einfach nur in anderen Schwingungsfeldern der Existenz auf. Für uns sind sie nichts weiter als eine weitere Bewusstseinsform mit Hoffnungen, Träumen und Zielen, ganz ähnlich wie Menschen. Es ist möglich, mit diesen höheren elektromagnetischen Intelligenzen zu kommunizieren, die auf und in eurer Erde leben.

Wenn ihr Kontakt mit einer elektromagnetischen Intelligenz aufnehmt, sollte euch bewusst sein, dass sie wohlwollend, böswillig und in manchen Fällen auch neutral, also weder für noch gegen euch sein kann. Einige dieser elektromagnetischen Intelligenzen auf der Erde verfügen über begrenzte technologische Mittel, die fortschrittlicher sind als eure, und einige von ihnen reisen in scheibenförmigen Geräten, die sich aus dem höheren elektromagnetischen Spektrum in die Peripherie von Raum und Zeit der dritten Dimension hinabbegeben können.

Mit anderen Worten: Wenn ihr ein UFO seht, könnte es aus dem Weltall stammen, aber auch von der Erde. Weil ihr Menschen nur einen kleinen Bruchteil der Welt sehen könnt, der sich direkt vor euren Augen befindet, neigt ihr zu dem Glauben, dass ihr die intelligenteste Spezies seid. Wir würden das bestreiten. Wir würden sagen, dass die Cetaceaner in mancher Hinsicht weiterentwickelt sind, und es besteht für uns kein Zweifel, dass erdgebundene höhere elektromagnetische Intelligenzen die menschliche Intelligenz in vielen Fällen weit übertreffen.

Wie gesagt lebt ihr in einem weitaus geheimnisvolleren und seltsameren Universum, als ihr euch jemals träumen lassen würdet.

Bei unseren ursprünglichen Erkundungen eurer Erde vor dem Aufkommen des modernen *Homo sapiens* sind wir diesen planetengebundenen Intelligenzen eines höheren elektromagnetischen Spektrums begegnet. Als Spezies waren sie schon vor euch hier.

In eurer frühen vorgeschichtlichen Periode – also der Zeit in eurer Geschichte, über die es in keiner für euch erkenntlichen Form Aufzeichnungen gibt – spürten viele Menschen die Anwesenheit dieser höheren elektromagnetischen Intelligenzen. Solche Menschen wurden Schamanen, und auf der ganzen Welt entwickelten sich schamanische Traditionen, wobei jede von ihnen durch ihre geografische Umgebung ausgeformt wurde. Je nach Weltregion begegneten sie verschiedenen höheren elektromagnetischen Intelligenzen.

Aus unserer Perspektive aber haben die Unterschiede in den schamanischen Traditionen eurer Welt nicht nur etwas mit den örtlichen Bedingungen, der Kultur und der Geschichte zu tun, sondern sind teilweise auch darauf zurückzuführen, dass die Schamanen in diesen Gegenden verschiedenen höheren elektromagnetischen Intelligenzen begegnet sind.

Nimmt man zu dieser sehr komplexen Situation nun noch die Intelligenzen hinzu, die nicht von eurem Planeten stammen, dann steht man vor einem sehr, sehr komplexen Bild.

Wie ich schon sagte, sind einige UFOs, denen ihr Menschen begegnet, nicht-irdischen Ursprungs, andere dagegen stammen von der Erde und können die Form von elektromagnetischen Intelligenzen annehmen, die sich höher im Spektrum befinden als ihr. Und so seltsam es auch klingen mag: Einige dieser Gefährte sind Besucher aus eurer Zukunft und menschlichen Ursprungs, die in der Zeit zurückreisen, um eure Zeit zu erforschen und besser verstehen zu lernen. Einige dieser menschlichen Reisenden aus der Zukunft sind zurückgekehrt, weil sie versuchen wollen, ein »Ungleichgewicht« zu korrigieren, wie sie es nennen würden.

Unseren Beobachtungen nach reisen die meisten dieser menschlichen Besucher aus der Zukunft in scheibenförmigen Gefährten, weil dies die Haupttechnik ist, die sie entwickelt haben. Der Genauigkeit halber sollte ich wohl sagen: *die ihr entwickelt habt*, da es sich bei diesen Besuchern ja um eure Nachfahren handelt. Das ist eine ziemlich merkwürdige Situation, so schwer sie auch zu verstehen sein mag – die Möglichkeit, dass Menschen aus der Zukunft, die sich in scheibenförmigen Gefährten durch eure Zeit bewegen, einfach nur ein Ausdruck des erweiterten Bewusstseins sind. Mit anderen Worten: Nicht bloß euer Verständnis der dreidimensionalen Realität ist eng und begrenzt, auch euer Verständnis der Zeit hat seine Grenzen.

Erreicht eine Spezies einen gewissen Entwicklungsgrad, ist die Fähigkeit, in der Zeit vor und zurück zu reisen, so einfach, wie in eurer Welt in eine U-Bahn zu steigen. Stellt euch vor, wie die Menschheit der Zukunft ihre Geschichte und ihre frühen Vorfahren, also euch, durch die erweiterte Linse von Zeitflussmechanismen betrachtet.

Ihr denkt, dass die Zeit linienförmig fließt, doch das ist ein begrenztes Verständnis, das euch eure Sinne über die Natur der physischen Realität diktieren. Ihr lebt in einer weitaus komplexeren dreidimensionalen Existenz, als ihr euch vorstellen könnt.

Ihr habt einen Zeitpunkt erreicht, an dem Forscher aus der Zukunft zurückkehren, um herauszufinden, was schiefgelaufen ist. Es ist ein Scheitelpunkt, und ihr werdet genau beobachtet. Auf die Menschen der Zukunft wirkt ihr wie Neandertaler.

Dies ist *eine* Ebene der Komplexität, aber lasst uns noch eine andere Ebene hinzufügen.

Wir haben gerade von erdgebundenen Intelligenzen gesprochen, also Menschen (zukünftigen Menschen) und höheren elektromagnetischen Intelligenzen. Lasst uns nun über Intelligenzen sprechen, die nicht von eurem Planeten stammen.

Intelligenzen, die nicht von der Erde stammen

An dieser Stelle möchte ich ein Flussdiagramm präsentieren. Fangen wir mit drei Kategorien von Intelligenzen an, die nicht von eurem Planeten stammen, und arbeiten wir uns dann von dort aus weiter vor.

Zunächst gibt es das, was ihr als *klassische* Außerirdische bezeichnen würdet. Ihr könnt übrigens davon ausgehen, dass ihr ihnen ebenso fremdartig erscheint wie sie euch.

In die erste Kategorie (die Reihenfolge ist willkürlich) fallen jene Außerirdischen, die physische Reisegefährte besitzen. Einige dieser nicht von der Erde stammenden Intelligenzen bleiben in ihren dreidimensionellen Fahrzeugen – ihr würdet sie als Schiffe bezeichnen. Manche haben die Fähigkeit, die Molekularstrukturen ihrer Sternenschiffe so zu verschieben, dass sie die Dimensionen nach oben oder unten wechseln können.

Wir Arcturianer besitzen eine sehr fortgeschrittene Form dieser Technologie. Sie ermöglicht es unseren Schiffen, sich bei Bedarf ganz einfach in andere Dimensionen zu bewegen. Unsere Schiffe halten sich vornehmlich in der fünften Dimension auf, können wenn nötig aber auch in höhere Dimensionen wechseln, und in ausgesprochen seltenen Fällen haben wir sie bereits in die Realität der dritten Dimension verschoben, doch dafür ist unglaublich viel Energie nötig, weshalb man diese Entscheidung nicht leichthin fällt.

Die zweite Kategorie von Besuchern, die nicht von eurem Planeten stammen, besteht aus höheren elektromagnetischen Intelligenzen. Ähnlich den höheren elektromagnetischen Intelligenzen, die erdgebunden sind, haben diese Wesen keine Schiffe oder Gefährte. Sie bewegen sich als klar umrissene elektromagnetische Felder durch den Raum, im Kollektiv, einzeln oder beides. Sie besitzen eine singuläre Identität und können sich kollektiv fortbewegen.

Die dritte Kategorie ist ziemlich ungewöhnlich, obwohl euch vermutlich alles ungewöhnlich erscheint, worüber ich bisher gesprochen habe. Diese außerirdischen Intelligenzen sind Verstandesprojektionen von weit entfernten Zivilisationen. Sie sind Energiepunkte, die einfach nur beobachten. Sie interagieren nicht. Sie bleiben vollkommen unter sich und sind einzig und allein hier, um zu beobachten, was auf eurem Planeten und in eurem Sonnensystem vor sich geht.

Seelen

So, wie wir uns und viele andere Wesen (wenn auch nicht alle) erleben, besitzen wir einen Energiepunkt, der unzerstörbar ist, außer die allerhärtesten Umstände treten auf. Wenn wir physisch sterben, besteht dieser Energiepunkt, dieser Funke, weiter, wenn auch nicht mit einer persönlichen Identität. Es ist, als ob die Quintessenz, das Destillat all unserer Erfahrungen auf eine Singularität reduziert wird. Diese bewegt sich eine Zeitlang durch den Raum oder die Realitäten höherer Dimensionen, wo das Individuum die Entscheidung trifft, ob es erneut ein »Leben« führen möchte oder nicht – damit meine ich, dass wir uns aussuchen können, ob wir in einer der dimensionalen Realitäten wieder »in einem Körper inkarniert« werden wollen.

Wir haben die Wahl, aber ob es tatsächlich so kommt oder nicht, wird durch viele Faktoren beeinflusst. Wir müssen die Eigenschaften der Dimension besitzen, in die wir als verkörpertes Wesen eintreten wollen. Wenn wir nach unserem Tod in der Realität einer höheren Dimension inkarniert werden wollen, müssen wir die entsprechenden höheren Eigenschaften bereits entwickelt haben, als wir noch gelebt haben.

Etwas Ähnliches konnten wir auch bei Menschen beobachten.

Viele Traditionen und Religionen sprechen von der Seele, und unserer Erfahrung nach gibt es so etwas wie ein Individuum, das in seiner Gänze den Tod überlebt und dann in der dimensionalen Realität vorwärts oder rückwärts schreitet, nicht. Doch es gibt einen Energiepunkt oder Funken, der weiterbesteht. Hier geht es um etwas, das ihr *Möglichkeitsfelder* nennen könntet.

Die Seele trägt in der Vorstellung vieler Menschen ihre persönliche Geschichte und Identität in sich. Doch unseren Beobachtungen beim Tod von Menschen zufolge trifft das nicht zu. Wir beobachten einen Energiepunkt oder Funken, der den Tod überlebt, der aber weder persönliche Geschichte noch Identität in sich trägt.

Die Essenz dieses Lebens im Sinne ihrer Schwingungsnatur wird zu einer Essenz destilliert, die von dem Funken oder Energiepunkt umschlossen wird. Dieser Punkt übt eine Form von magnetischer Anziehungskraft auf die Schwingungsebene oder dimensionale Realität aus, die zu dem passt, was während der Lebenszeit entwickelt wurde.

Deswegen dehnen wir Arcturianer unsere Lebensdauer gerne so lange wie möglich aus, wozu wir die Regenese-Technologie entwickelt haben.

Elektromagnetische Intelligenzen

In euren alten Geschichten und Mythologien interagierten die antiken Kulturen mit diesen höheren elektromagnetischen Intelligenzen, und um diesen Begriff noch einmal zu verdeutlichen: Mit höhere elektromagnetische Intelligenzen meinen wir einfach eine elektromagnetische Wesenheit, die auf einer höheren Schwingungsrate existiert als der Mensch.

Lasst uns das elektromagnetische Spektrum durch die Linse ultravioletten Lichts betrachten. Es gibt Wesen, die im ultravioletten Spektrum leben, Wesen, die im Röntgen- oder Gammastrahlenspektrum leben können. In den frühen prähistorischen Kulturen, besonders in den frühen Mythologien wie der griechischen, akzeptierte man »jenseitige Wesen« einfach. Sie wurden zu mythologischen Figuren, vielen von ihnen sprach man eine tierische Natur zu. Das Wissen um die Existenz elektromagnetischer Intelligenzen ist in jeder Kultur auf dem Planeten vorhanden.

Deswegen gibt es in den verschiedenen Kulturen der Welt Beschreibungen von Elfen, Gnomen, Kobolden, Nymphen, geflügelten Pferden wie dem Pegasus, Zentauren und vielen weiteren jenseitigen Formen. Sie entstanden durch Begegnungen zwischen übersinnlich begabten Menschen und diesen höheren elektromagnetischen Intelligenzen. In einigen Fällen habt ihr Menschen ihre

Form korrekt oder wenigstens annähernd korrekt wahrgenommen, meistens aber war die Wahrnehmung durch Erwartungshaltung und Überzeugungen des Menschen gefärbt. Doch die Realität von höheren elektromagnetischen Intelligenzen existiert auch unabhängig von den Eindrücken, die ihr empfangt.

Dies ist ein weiteres Beispiel für die Relativität der Wahrnehmung, die besonders deutlich zutage tritt, wenn ein Wesen aus einer Realität mit niedrigerer Schwingung mit einem Wesen aus einer Realität mit höherer Schwingung interagiert.

Engel

Da wir schon beim Thema sind, würde ich gerne das Thema Engel aus unserer Perspektive ansprechen.

Engel existieren. Sie sind wohlwollend und haben gute Absichten. Doch sie sind höhere elektromagnetische Intelligenzen. Wenn ein Mensch einem dieser Wesen begegnet, ist es gut möglich, dass er dieses Erlebnis durch seine Erwartungen und Glaubensüberzeugungen filtert – aber ich möchte noch einen weiteren Punkt deutlich machen: Ja, diese »Engel« sind wohlwollend und verfolgen gute Absichten, doch manche sind intelligenter als andere und einige geübter darin, Ergebnisse zu erzeugen.

Aus meiner Sicht besteht die Schwierigkeit beim Thema Engel darin, dass die Vorstellung überladen und befleckt ist durch religiöse und spirituelle Dogmen und Missverständnisse.

Es ist ein wunderbares Erlebnis, einer wohlwollenden, intelligenten und meisterlichen höheren elektromagnetischen Intelligenz zu begegnen. Sowohl für den Menschen als auch die elektromagnetische Wesenheit können derartige Erfahrungen höchst lohnend sein. Doch der Mensch muss sich darüber im Klaren sein, dass die Last der Verantwortung für das, was er aus dieser Erfahrung zieht, einzig bei ihm liegt. Wenn ihr mit einem »Engel« interagiert, solltet ihr also euren Verstand nutzen, und wenn euch dieser »Engel« befiehlt, etwas zu tun, dann habt ihr es entweder mit einem Idioten zu tun oder mit einer böswilligen Wesenheit, die sich als wohlwollend ausgibt.

Jedes Wesen – menschlich oder nicht –, das euren freien Willen besitzen will, sollte gemieden werden.

Lilith gehörte einem anderen elektromagnetischen Spektrum an. Viele Geschichten wurden erzählt, doch die Begegnungen mit Lilith fanden im Astralreich statt, wo die meisten, wenn auch nicht alle elektromagnetischen Intelligenzen existieren. Genau wie ihr Menschen können sich diese elektromagnetischen Intelligenzen weiter oben oder weiter unten im Astralreich aufhalten und dieses auch ganz hinter sich lassen, um sich auf der sogenannten ätherischen Ebene aufzuhalten, die wir einfach die fünfte Dimension nennen.

Euer Universum ist weitaus seltsamer, als ihr euch vorstellen könnt.

Der arcturianische Korridor

Mehrfach wurde eine dimensionale Brücke zwischen Arcturus und eurer Erde beschrieben. Man nennt sie den arcturianischen Korridor.[19] Für uns ist er nichts weiter als ein Sternenportal, ein interdimensionales Portal, das durch den Hyperraum führt und es unseren Schiffen ermöglicht, nicht nur die Umgebung eurer Erde, sondern euer gesamtes Sonnensystem schneller als mit Lichtgeschwindigkeit zu erreichen. Das ist notwendig, wenn man so große Distanzen überwinden möchte.

Der Zweck dieses arcturianischen Portals besteht darin, dass sich unsere Schiffe mit seiner Hilfe nach Bedarf schnell in Position begeben können, und mit »Bedarf« meine ich *unseren* Bedarf. Dieses Sternenportal, dieser interdimensionale Tunnel, ist einzig für unsere Schiffe vorhanden.

---

[19] Detaillierte Hintergründe hierzu schildert *Die geheime Geschichte des Bewusstseins* des amerikanischen Mediums Meg Blackburn Losey. Auf www.AmraVerlag.de finden Sie ausführliche Leseproben aus ihrem Buch. – *Die Red.*

Er dient nicht dazu, dass ihr Verbindung zu uns aufnehmt, mit Ausnahme einiger weniger Individuen. Wenn ein Individuum eine Verständnisebene erreicht hat, auf der es bereit und willens ist, Kontakt mit einem Arcturianer herzustellen, erzeugt dieser Arcturianer einen Mikrotunnel, sozusagen ein kleineres Sternenportal, das es den höheren Aspekten, den einer höheren Dimension zugehörigen Körpern dieser Person ermöglicht, zu dem Arcturianer zu gelangen. In einigen Fällen ist es auch der Arcturianer, der den Menschen aufsucht. Dies ist außerdem der Weg, auf dem Personen Zugang zu arcturianischen Sternenschiffen erhalten.

Dieses Portal, das einige als arcturianischen Korridor bezeichnen, ist kein natürlich auftretender Strudel. Er wurde von uns erschaffen und wird von uns aufrechterhalten. Er ist Teil unserer Mission, Leben, Intelligenz und Freiheit in diesem Sektor des Universums zu schützen. Der Korridor dient nur dem Transport von fünftdimensionalen Gefährten zwischen Erde, eurem Sonnensystem und Arcturus.

Es gibt noch andere Sternenportale und Tunnel, die von Arcturus aus zu anderen Orten in eurer Galaxie führen.

Da dieser interdimensionale Tunnel nur dem einen Zweck dient, arcturianische Sternenschiffe zu transportieren, möchte ich nun über die Mikrotunnel sprechen, da diese auch von Menschen genutzt werden können.

Ist ein einzelner Mensch bereit und willens zur Kontaktaufnahme, wird dieser Kontakt meist durch einen Mikrotunnel hergestellt. Diese Mikrotunnel verbinden die höheren Dimensionen zugehörigen Körper – besonders den fünftdimensionalen – des Menschen mit dem Arcturianer und/oder dem arcturianischen Schiff, durch den oder das der Kontakt hergestellt wird.

Es gibt hinsichtlich der Mikrotunnel zwei Punkte, über die ich gerne sprechen möchte.

Zum einen geht es um die Körperregion und das Energiefeld, mit denen die Mikrotunnel Kontakt herstellen, zum anderen um die Ebene von Körper-Geist-Aktivität, die für einen bewussten Kontakt vonnöten sind.

Lasst uns zuerst über den zweiten Punkt sprechen. Der Kontakt zwischen Menschen und Arcturianern ist meist auf Wahrnehmungsverschiebungen seitens des Menschen beschränkt. Es ist ausgesprochen ungewöhnlich und unwahrscheinlich, dass ein Mensch einem Arcturianer in der dritten Dimension begegnet. Das liegt daran, dass unglaublich viel Energie nötig ist, um die Dimensionen zu wechseln. Deswegen ist es zweckdienlicher und effizienter, den Körper/Geist-Komplex des Menschen so einzurichten, dass sich ein Mikrotunnel für die Kommunikation öffnet. Schließlich sind wir Arcturianer praktisch orientiert und mögen es nicht, Energie oder Ressourcen zu verschwenden.

Wenn ein solcher Mikrotunnel errichtet wird, verschieben sich der Gehirnzustand und die physiologische Aktivität des Menschen. In euren wissenschaftlichen Begriffen würdet ihr von einer Steigerung der Alpha-Aktivität sprechen, doch handelt es sich bei Alpha-Aktivität nur um einen der vielen Zustände, die euer Gehirn während dieser Unterhaltungen einnimmt. Das menschliche Gehirn ist sehr komplex und beherbergt verschiedene Frequenzen gleichzeitig. Es wäre grob vereinfachend und inakkurat zu sagen, dass höhere Bewusstseinszustände mit höheren Gehirnfrequenzen verbunden sind. Dies ist ein plumpes Missverständnis über die menschliche Physiologie und das menschliche Potenzial.

Bei der Errichtung eines Mikrotunnels zu einem Arcturianer und/oder einem arcturianischen Sternenschiff verschiebt sich die menschliche Wahrnehmung spontan. Wahrnehmung ist stark fließend, und der Mensch wird sich mindestens zweier Realitäten gleichzeitig gewahr: der menschlichen Realität und der höheren Dimension, in der die Interaktionen mit dem Arcturianer stattfinden. In einigen seltenen Fällen verliert der Mensch seine dreidimensionale Realität ganz aus dem Blick. Die Welt scheint dann zu verschwinden, und das Individuum erlebt die arcturianische Realität als seinen einzigen Fokuspunkt.

In solchen Augenblicken kann der Mensch auf die Idee kommen, physisch in ein arcturianisches Raumschiff transportiert worden zu sein, was aber nicht der Fall ist. Das menschliche Gehirn ist einfach nur überwältigt von der Multidimensionalität der Begegnung und hört auf, sich mit der dreidimensionalen Realität auseinanderzusetzen.

Für den einzelnen Menschen bedeutet das, dass Gehirn und Verstand keinen Input mehr von den fünf Sinnen erhalten. Der einzige Input ist das, was in der Dimension stattfindet, in der sich die Begegnung ereignet.

Manchmal errichtet ein Arcturianer einen Mikrotunnel, um mit einem bestimmten Menschen zu kommunizieren, manchmal ist es der Mensch, der den Tunnel öffnet. Die Mikrotunnel verlaufen in beide Richtungen, und durch eine bewusste Verschiebung eures Gehirnzustands und eures Verstandes könnt ihr Kontakt zu einem Arcturianer oder einem bestimmten Aspekt der arcturianischen Realität herstellen. Hierüber werde ich gleich mehr erzählen. Doch ihr werdet diesen Punkt besser verstehen können, wenn wir uns zunächst dem ersten Punkt zuwenden, um den es in diesem Unterkapitel geht.

Die Mikrotunnel verlaufen durch den Hyperraum und verbinden sich mit eurem Energiefeld, das in euren alten Traditionen als Aura bezeichnet wurde. Genauer gesagt verbinden sie sich mit einem oder mehreren Chakras. Die meisten Menschen stellen über das Kronen- oder das Stirnchakra Kontakt zu Arcturianern her. Der Mikrotunnel tritt also in eines oder mehrere eurer Chakras ein und beeinflusst auf diese Weise die feinstofflichen Energien, die durch diese Strudel (eure Chakras) erzeugt werden.

Um eine Metapher zu bemühen: Der Mikrotunnel legt in eurem feinstofflichen Energiekörper einen neuen Gang ein, und eurer Gehirn und euer Verstand folgen dieser Verschiebung. Sie sind gezwungen, sich anzupassen. Die Verschiebung eures feinstofflichen Energiekörpers erzeugt wie gesagt einen Anstieg der Alpha-Aktivität und versetzt den Körper so in einen entspannten Gewahrseinszustand.

Während der Mikrotunnel seinen Einfluss in der Nähe der Chakras steigert, schlägt die Gehirnfrequenz aus, weit über eine Gamma-Aktivität hinaus bis in die höheren Regionen der Gehirnaktivität – 120 Hertz und mehr.

Wenn ein Individuum den Eindruck hat, an Bord eines arcturianischen Gefährts mitgenommen zu werden, verbindet sich einer dieser Mikrotunnel interdimensional mit dem Nabelchakra, wodurch der gesamte feinstoffliche Energiekörper mit der Schwingungsrealität des Sternenschiffs mitschwingt. Tritt dies ein, macht der Mensch zwei parallele Erfahrungen: Er ist gleichzeitig in seinem Körper und auf dem Sternenschiff. Es kann auch sein, dass er während der Kommunikation zeitweise den Eindruck hat, nur auf dem Sternenschiff zu sein. Dies hängt mit einer Verschiebung des bewussten Gewahrseins vom Input des Körpers hin zum Input des einer höheren Dimension zugehörigen Körpers zusammen, der sich auf dem Sternenschiff befindet. Befindet sich das Individuum in diesem körperlichen und geistigen Zustand, kann es innerhalb kürzester Zeit einen großen Umfang an Wissen und Informationen erlangen. Unser wichtigstes Kommunikationsmittel ist nämlich die holografische Telepathie, nicht das Wort.

Entsprechend kann es vorkommen, dass ein Individuum denkt, nur einige Augenblicke der Zeit eurer dreidimensionalen Realität an Bord des Sternenschiffs gewesen zu sein, obwohl es in den einer höheren Dimension zugehörigen Realitäten des arcturianischen Gefährtes große Mengen an Informationen und Einsichten heruntergeladen hat.

Realitäten

Basislinienrealitäten, Parallelrealitäten, alternative Realitäten und multidimensionale Realitäten – lasst uns das Wesen dieser Klassifizierungen untersuchen.

Alle Wahrnehmungsklassifizierungen sind relativ zum Wahrnehmenden. Alle Wissenssysteme, auch die wissenschaftlichen, unterliegen ständigen Korrekturen. Jedes System und jede Klassifizierung sollte eine Anhebung der Intelligenz unterstützen, nicht erschweren.

Euer verkörpertes Leben in einem dreidimensionalen Raum ist die *Basislinie* eurer Realität. Das ist darauf zurückzuführen, dass euer Nervensystem über eure fünf Sinne Zugang zur Welt hat. Euer Nervensystem ist *eingestimmt* auf die besonderen Schwingungsebenen eurer verkörperten Existenz. Wäre es nicht dazu in der Lage, würdet ihr als biologische Wesen verfallen. Das Überleben ist fest in eurem Nervensystem verdrahtet. Es ist der wichtigste Filter zur Sortierung von Sinnesinformationen.

Euer Nervensystem verankert euch in der dreidimensionalen Realität, in der ihr lebt – es verbindet euch damit. Doch in eurem Nervensystem liegt auch eine Fähigkeit verborgen, andere Ebenen und andere Realitäten zu erleben, die weit jenseits der Beschränkungen eurer biologischen Existenz liegen.

Da ihr Generatoren für Quantenfeldaktivitäten seid, beeinflusst ihr die feinstofflichen dimensionalen Realitäten. Damit meine ich, dass ihr in dem Moment, in dem ihr auf der *Basislinie* eurer Existenz eine Handlung vollzieht, einen Widerhall auf den atomaren und subatomaren Ebenen erzeugt, und auch auf den offensichtlicheren Ebenen eures Lebens.

Lasst mich diesen ziemlich abstrakten Punkt etwas genauer erklären.

Wenn ihr beschließt, etwas Grundlegendes in eurem Leben zu ändern, löst ihr damit multidimensionale Ereignisse aus. Sagen wir, ihr beschließt, an einen anderen Ort umzuziehen. Auf der dreidimensionalen Ebene bewegt ihr ganz offensichtlich Dinge, eure Habseligkeiten, wie ihr es nennt. Ihr versetzt diese Dinge entgegen der Wirkung des Schwerkraftfelds an einen neuen Ort in Raum und Zeit. Ich nenne hier Raum und Zeit, weil ihr einerseits den Eindruck habt, die Objekte durch den Raum an einen neuen Ort versetzt zu haben. Gleichzeitig habt ihr aber auch den Eindruck, sie durch die Zeit zu versetzen, da es eine gewisse Zeit dauert, diese Objekte zu bewegen.

Dies ist die Newtonsche Realität eurer verkörperten Existenz auf der dritten Ebene, die ihr als dreidimensionale Realität bezeichnet. Aber was meint ihr – wollen wir einen kleinen Blick unter die Oberfläche werfen?

Schon in dem Augenblick, indem ihr die Entscheidung getroffen habt umzuziehen, erzeugt euer Verstand etwas. Ihr macht euch Gedanken darüber, wohin ihr euer Zeug räumt, wie ihr es in seiner neuen Umgebung arrangieren wollt. Vielleicht beschließt ihr auch, dass ihr neue Sachen braucht. Auf einen außenstehenden Beobachter wirkt das einfach nur wie eine kreative Fantasie – kreativ ja, aber eben nur eine Fantasie. Aus unserer Sicht beeinflusst ihr als Erzeuger eines Quantenfelds das Quantenreich durch die Kraft eurer Intention und eures Fokus.

Wenn ihr ein effektiver Quantenfelderzeuger seid – und das sind bei Weitem nicht alle Menschen –, dann unterstützt ihr durch diese kreativen Fantasien die Bewegung eurer Habseligkeiten in *Echtzeit* (der bei euch gemessenen Zeit).

Sagen wir also, ihr habt beschlossen umzuziehen und wendet kreatives Denken auf eure neue Umgebung an. Ihr formt kraft eures Verstandes auf bisher ungesehene Weise eine neue Realität. Ihr könnt nicht sehen, wie euer Verstand das Quantenreich beeinflusst, aber ihr könnt eure Habseligkeiten sehen. Dies ist keine Entweder/Oder-Aussage.

Die meisten von euch müssen ihr Zeug physisch bewegen oder von jemand anders bewegen lassen – aber ihr könnt bis zu einem gewissen Grad durch eure Gedanken darüber die Effizienz und Anmut beeinflussen, mit der dies geschieht.

Sagen wir, in eurer neuen Umgebung braucht ihr eine Couch und ihr habt keine. Nun erzeugt ihr in eurem Verstand eine Fantasie darüber, wie ihr eine geeignete Couch auf einem Flohmarkt findet. In einer weiteren Fantasie schenkt euch jemand eine Couch, und in noch einer Fantasie bekommt ihr eine Couch bei einem Ausverkauf. Und in der letzten Fantasie findet ihr gar keine Couch und müsst in eurer neuen Umgebung auf dem Boden sitzen.

Aus dieser Perspektive kann man sagen, dass jede dieser Fantasien das Potenzial hat, eine Parallelrealität zu erzeugen. Ich spreche von *Potenzial*, weil müßige Gedanken keine Parallelrealitäten erzeugen. Wenn ein Denkmuster aber stark genug ist, beeinflusst es das Quantenfeld, und dann entsteht eine Parallelrealität, die gleichzeitig mit eurer Basislinienrealität verläuft.

Ein wichtiger Punkt in Bezug auf Parallelrealitäten ist, dass ihr verstehen solltet: Nicht alle Gedanken erzeugen Parallelrealitäten. Die Gedanken müssen anhaltend sein. Sie müssen verstärkt sein. Und sie müssen gesteuert werden. Diese drei Punkte sind wesentlich für die Erzeugung einer echten Parallelrealität, und die meisten Menschen sind nicht zu einer solchen Leistung in der Lage. Es ist aber nicht so, dass sie es nicht lernen könnten. Es ist nur so, dass sie nicht dazu neigen, diese Fähigkeiten von selbst anzuwenden.

Mir ist bewusst, dass viele Menschen, die diesen Text lesen, daran interessiert sind, in ihrem Leben höhere Realitäten und weiterentwickelte Realitäten und Situationen zu manifestieren. Wie ihr an diese Herausforderung herangeht, bestimmt über eure Lebensqualität, eure Intelligenzebene und das Ausmaß an Freiheit oder Gefangenschaft, das ihr erlebt. Jedes Wesen, ganz gleich ob menschlich oder nicht, muss selbst entscheiden, wie es mit diesem Thema umgeht.

In der Hoffnung, dass es euch einen Nutzen bringt, will ich euch mitteilen, wie die meisten Arcturianer an diese Aufgabe herangehen.

Die Aufgabe besteht darin, zu erzeugen, was wir uns wünschen.

Zunächst einmal glauben wir Arcturianer an die Macht des Neuartigen, und all unsere Handlungen tätigen wir in dem eindeutigen Wissen, dass wir in einem seltsamen und paradoxen

Universum leben. Wir sind handlungsorientiert. Unser erster grundlegender Schritt besteht also immer darin, in irgendeiner Weise zu handeln, und unsere erste Handlung besteht immer darin, die Situation aus so vielen Blickwinkeln wie möglich intellektuell einzuschätzen. Das tun wir aus zwei Gründen. Zum einen geht es darum, möglichst effizient und umfassend zu *begreifen*. Zum anderen wollen wir den Größenwahn der Selbstherrlichkeit vermeiden.

Alle Wesen außer jenen mit der höchsten Gewahrseinsstufe neigen zu der Ansicht, dass sich die ganze Welt um ihre Entscheidungen dreht. Und wenn wir unsere Handlungen aus so vielen Blickwinkeln wie möglich betrachten, können wir die Möglichkeiten und die Fehler in unserem Plan sehen.

Wir Arcturianer können Handlungsweisen sehr schnell beurteilen. Wir verheddern uns nicht dabei, alle Wahlmöglichkeiten in Betracht zu ziehen. Haben wir einmal eine Entscheidung getroffen, wird sie zur Mission, und wir wenden all unsere Ressourcen auf, um unsere Wünsche zur Realität zu machen. Dies erreichen wir, indem wir die Situation überprüfen, sie wenn nötig anpassen und dann zum Abschluss bringen.

Während dieses gesamten Prozesses, ganz gleich wie lang er dauert, betrachten wir ihn weiterhin aus verschiedenen Blickwinkeln. Zu wissen, dass wir uns mit neuen Informationen in eine Situation begeben, kann unser Handeln verändern. Wir sind uns auch darüber bewusst, dass wir das Quantenreich beeinflussen, indem wir zielstrebig unsere Mission verfolgen. Wir neigen nicht dazu, unschlüssig zu sein oder unsere Meinung zu ändern. Es kann passieren, dass wir unseren Ansatz ändern, doch das kommt durch eine intelligente Einschätzung der Situation zustande und nicht, weil unser Wille nachgibt.

Wenn ich etwas Grundlegendes über Menschen und die Herausforderung, neue Ergebnisse und Realitäten zu erzeugen, sagen sollte, dann, dass die meisten daran scheitern, lange genug ihre Handlungen weiterzuverfolgen, um die Ergebnisse sehen zu können.

Auf der Ebene der Quantenmechanik sind sie nicht dazu in der Lage, die magnetisierenden Gedanken aufrechtzuerhalten, die das von ihnen gewünschte Ergebnis unterstützen.

Alternative Realitäten

Menschen haben viele *Ichs*. Einige von ihnen verfolgen positive Absichten, manche können ziemlich negativ sein. Stellt es euch einfach so vor: Wenn ihr einen richtig guten Tag hattet, neigt ihr zu guter Laune, und diese färbt eure Wahrnehmung der Menschen um euch herum und der Welt, in der ihr lebt. Sie formt auch eure Interaktionen und Handlungen.

Hattet ihr aber einen schlechten Tag, habt ihr möglicherweise schlechte Laune. Die Welt sieht für euch ganz anders aus, wenn ihr verstimmt seid. Sie hat sich eigentlich nicht verändert, doch euer emotionaler Filter funktioniert anders. Dies ist eine der Hauptbegrenzungen für das menschliche Wachstum: Wie geht ihr mit euren Emotionen und euren emotionalen Filtern um?

Aus dieser Perspektive gibt es also viele *Ichs*. Jedes von ihnen hat eine emotionale Tonalität und eine Schwingungsrate, und jedes erzeugt eine geistige/emotionale Realität. Diese wiederum beeinflusst eure Wahrnehmung. Sie beeinflusst eure Handlungen und letztlich auch eure Basislinienrealität, um dies einmal als Referenzsystem zu bemühen.

Ich würde sagen, dass es sich bei euren emotionalen Filtern um erlernte Gewohnheiten handelt, und die Meisterschaft, die auf dieser Ebene eures Seins erforderlich ist, besteht darin, die Filter zu wählen, durch die ihr die Welt erleben wollt.

Stellt euch diese emotionalen Filter, diese Stimmungen, als Pferde vor einem Karren vor. Wenn sie alle in verschiedene Richtungen losrennen, kommt ihr nicht sehr weit. Aber wenn ihr sie dazu bringt zusammenzuarbeiten – wenn ihr sie in einen konsistenten Schwingungszustand versetzt –, dann könnt ihr euch mit großer

Kraft vorwärtsbewegen, und wenn ihr euch energetisch kraftvoll bewegt, beeinflusst ihr die Realität.

Die letzte Kategorie in diesem System sind multidimensionale Realitäten. Aus dieser Sicht ist Multidimensionalität die Summe aller Dimensionen, in denen ihr lebt. Die Aufgabe, vor der ihr Menschen steht, oder besser gesagt, *die große Chance*, die sich euch bietet, besteht darin, euch eurer multidimensionalen Realität voll bewusst zu werden.

Dabei besitzt ihr dieses Gewahrsein bereits. Ihr seid bereits multidimensionaler Natur, und man hat euch lediglich darauf beschränkt, die dritte Dimension für eure einzige Realität zu halten – eure Wahrnehmung wurde darauf trainiert.

Wenn man euch dazu bringen kann zu glauben, dass euer physisches Leben alles ist, was es gibt, und dass ihr selbst in einem eventuellen Leben nach dem biologischen Tod noch immer dem Willen irgendeiner höheren Macht unterliegt, dann seid ihr abgeschnitten von der direkten Wahrnehmung eurer Selbst als etwas Multidimensionalem.

Euer Leben als Menschen ist gleichzeitig terrestrisch, erdgebunden und kosmisch, womit ich sagen will, dass ihr Zugang zum gesamten Kosmos habt und dass ihr für all das empfänglich seid. Dies ist eine weitläufige Realität; sie ist Teil eurer multidimensionalen Natur, und sie ist das, was ihr seid. Für die meisten Menschen besteht der erste Schritt darin, die Lügen hinter sich zu lassen, sie man ihnen aufgetischt hat. Der nächste Schritt besteht darin, dass sie ihre Multidimensionalität unmittelbar erleben. Dann wird sie von einer reinen Glaubensfrage zu einer intellektuellen Gewissheit.

Wenn genug Menschen ihre Art verändern,
die Welt zu sehen und in ihr zu leben,
wird sich eine Revolution des Bewusstseins ereignen.
Diese Bewusstseinsrevolution ist eine zukünftige Wahrscheinlichkeit,
die simultan zu eurer aktuellen Gegenwart existiert.
Könntet ihr eure intellektuelle Perspektive nur ein
kleines bisschen vorwärts verlagern, würdet ihr euch voller Freude
in eure Zukunft stürzen.
Mit Freude meine ich die heitere Lebenslust, die euch der Schritt
in eine größere Freiheit bringen wird – in die Freiheit,
neue Realitäten zu erschaffen.

FREPHIOS

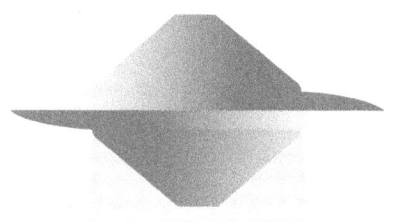

Enandra

Akasha-Bibliothekar
der arcturianischen Zivilisation

M an nennt mich Enandra. Ihr würdet mich als Akasha-Bibliothekar für die arcturianische Zivilisation bezeichnen. Ich bin der Hüter der arcturianischen Geschichte.

Man hat mich gebeten, meine Perspektive auf das arcturianische Dilemma zu beschreiben. Ich bin seit zehn Millionen Jahren der Hüter der Akasha-Aufzeichnungen der Arcturianer. Deswegen war ich mir seit Anbeginn meiner Karriere bewusst, dass Sanat Kumara mit eurem Planeten interagiert hatte.

Zunächst möchte ich erklären, wie all die historischen Erinnerungen aus dem Gedächtnis der Arcturianer bewahrt werden. Wie hier schon von anderen gesagt wurde, kommunizieren wir vor allem über telepathische Holografie. Dabei handelt es sich um ein Informationsfeld, in dem jedes Ereignis samt seinem Bezug zu vergangenen, gegenwärtigen und zukünftigen Möglichkeiten gespeichert ist – und zwar gleichzeitig.

Ich möchte ohne die Beschränkungen eurer Syntax und eurer Interpunktion fortfahren.

Telepathische Hologramme für Arcturianer sind größtenteils kugelförmig, manchmal nehmen sie aber auch andere geometrische Formen an.

Die Akasha-Bibliothek für die arcturianische Zivilisation enthält alle telepathischen Hologramme, die jemals von einem Arcturianer erzeugt wurden. Dies ist eine gewaltige Informationsmenge.

Ähnlich der Zwickmühle in eurer Sprache wird die Antwort auf eine Frage durch die Frage selbst definiert. Ihr müsst die richtige Frage stellen. In der Akasha-Bibliothek der Arcturianer sind die Informationen nach Interaktionen geordnet, je nachdem, ob sie nur zwischen Arcturianern oder zwischen Arcturianern und anderen Wesen stattfanden. Doch all diese Informationen sind mit Querverweisen zu vergangenen, gegenwärtigen und zukünftigen Wahrscheinlichkeiten versehen. Und sie alle existieren in unserem holografischen Informationsbeschaffungssystem gleichzeitig.

Ihr würdet wohl von einem Supercomputer sprechen, doch das, was ihr als Prozessor bezeichnen würdet, ist reines Licht. Wir nutzen Licht als Grundprinzip für den Großteil unserer Technologie. Als ich gebeten wurde, meine Perspektive auf das arcturianische Dilemma zu beschreiben, musste ich also Querverweise in gewaltigen Informationsmengen mit Bezug auf vergangene, gegenwärtige und zukünftige Wahrscheinlichkeiten durchforsten.

Das aktuelle Dilemma in Bezug auf die Menschen ist dasselbe, in dem wir uns bei unseren ersten Begegnungen befanden. Dies wurzelt in der arcturianischen Mission, Leben, Intelligenz und Freiheit zu schützen. Mir persönlich gefällt, was Ektara, Wissenschaftsoffizier, zu dem Punkt »das Leben schützen« beizutragen hatte: *wenn es Schutz verdient hat.* Und aus meiner Sicht hat es nicht alles Leben verdient, fortzudauern. Doch dies ist eine philosophische Überlegung, um deren Darlegung ich nicht offiziell gebeten worden bin.

Wie dem auch sei: Das arcturianische Dilemma existiert wegen unserer Absicht.

Wie können wir als intergalaktische Zivilisation und Forscherrasse Leben, Intelligenz und Freiheit in niedrigeren Realitätsdimensionen schützen? Ich spreche hier von den Menschen, die in der dreidimensionalen Realität leben.

Das erste Problem entsteht dadurch, dass die Dimensionen nicht zueinander passen. Der Großteil unserer Zivilisation lebt in der fünften Dimension, und auch unsere Technologien sind fünftdimensional. Einige unserer fortgeschrittenen Mitglieder sind in höhere Dimensionen aufgestiegen, doch als kollektives Ganzes nehmen wir die Realität durch die Linse der fünften Dimension wahr. Als biologische Organismen erlebt ihr die Realität durch die Linse eures Nervensystems, das vollständig auf die einzigartigen Herausforderungen der dreidimensionalen Realität ausgerichtet ist.

Ihr seid durch die Schwerkraft gebunden, zumindest eure Körper. Wir sind nicht an die Schwerkraftquelle der Erde gebunden. Ihr kommuniziert durch eine primitive Reihe von Klängen, die ihr Sprache nennt. Wir nutzen Klänge auf andere Weise, und zwar um Anfang und Ende einer telepathisch-holografischen Übertragung zu kennzeichnen. In eure DNS ist aufgrund der Annunaki die Weisung kodiert, Sklaven einer höheren Macht zu sein; dieses tiefverwurzelte Hindernis ist fest in eurer genetischen Struktur verankert. Als Spezies neigt ihr dazu, zu Wesen aus anderen Dimensionen aufzublicken und sie als Götter zu betrachten.

Das Dilemma, vor dem Arcturianer stehen, die mit dreidimensionalen Wesenheiten wie euch interagieren, wird dadurch sehr komplex. Als intergalaktische Forscherzivilisation werden wir von unserer Mission angetrieben, Leben, Intelligenz und Freiheit zu schützen, und je fortschrittlicher unsere Technologien wurden, desto weiter konnten wir ins Universum vordringen, wobei wir stets unsere Urmission verfolgten.

Wie alle Zivilisationen – wenigstens jene, die lange genug überlebt haben, um sich selbst zu reflektieren – erkennen wir Arcturianer zunehmend einen *unserer* Weisung innewohnenden Fehler.

Sanat Kumara war der Erste, der dies zur Diskussion gebracht hat. Es ist das Thema des Herzens oder die Natur des Fühlens.

Wir Arcturianer sind weder allwissend noch allmächtig – auch wenn unsere Ausrüstung ziemlich beeindruckend wirkt. Wir unterliegen genau wie ihr Menschen den Schwächen unserer eigenen

Natur, und dies gilt für alle Wesenheiten, ganz gleich aus welcher Dimension sie stammen.

Ich denke, dass wir gebeten wurden, diese Informationen mit euch zu teilen, weil der Versuch unternommen werden soll, die Vorstellung zu entmystifizieren und entmythologisieren, dass wir Arcturianer eure *Retter* sind. Wir sind zwar – schon sehr lange – die Wächter des Raumsektors, den ihr als euer Sonnensystem und die Milchstraßengalaxie bezeichnet, doch unsere Kapazitäten sind begrenzt durch die Unterschiede zwischen unseren Dimensionen und unsere Unfähigkeit, vollständig zu begreifen, was es bedeutet, auf einer niedrigeren Schwingungsebene zu leben. Unsere Existenz als Zivilisation der dritten Dimension liegt bereits weit hinter uns. Sie ist nur noch eine ferne Erinnerung. Wir sind aufgestiegen in die fünftdimensionale Realität. Und deswegen behindern uns die Unterschiede zwischen uns.

Beim Blick auf die menschliche Realität des beginnenden 21. Jahrhunderts stelle ich Querverweise zu euren vergangenen und zukünftigen Möglichkeiten her. In Anbetracht eures genetischen Potenzials bezweifle ich nicht, dass ihr durch die Manipulation, die die Annunaki an euch vorgenommen haben, eingeschränkt seid. Dies ist in eurer DNS verankert. Mit Blick auf eure vergangenen und zukünftigen Möglichkeiten würde ich sagen, dass eure Situation in Bezug auf eure Genwissenschaft interessant ist. Eure Wissenschaft und Technologie hat sich so weit entwickelt, dass ihr genetische Informationen manipulieren könnt.

Dies ist sowohl negativ als auch positiv. Wenn ich die derzeitige geistige Atmosphäre eurer Welt beschreiben sollte, würde ich auf die spürbaren Spannungen unter jenen hinweisen, die der Manipulation durch die Annunaki treu bleiben wollen – und damit meine ich Menschen, die ihrer Vorstellung von Göttern dienen wollen. Die fundamentalistischen Religionen spüren, was bevorsteht, und wollen nichts damit zu tun haben.

Das, was euch bevorsteht, ist die Entdeckung der Manipulation durch die Annunaki in den Codons eurer DNS. Dies wird in etwa

25 Jahren eurer Zukunft geschehen. Wenn die Doppelhelix der menschlichen DNS vollständig entschlüsselt und verstanden wird, wird man eine kleine Anomalie entdecken. Dies ist die Manipulation durch die Annunaki.

Was für ein wichtiger, mächtiger Moment in eurer Zukunft es sein wird, wenn die Wissenschaft den Ursprung eurer Gefangenschaft entdeckt! Es wird eine starke Polarisierung geben zwischen jenen, die »Gottes Willen« (also den Plänen der Annunaki) treu bleiben wollen, und jenen, die sich befreien wollen, um selbst Schöpfergötter und Schöpfergöttinnen zu werden.

Und doch erwartet euch in dieser Zeitspanne noch eine weitere Möglichkeit – und das ist nichts Geringeres als die Auslöschung des Lebens, zumindest eines Großteils des Lebens. Dies ist aus meiner Sicht eine kritische Zeit für eure Spezies. Und das arcturianische Dilemma besteht darin, wie wir euch dabei helfen können, diese turbulente Zeit zu überstehen.

Ich habe bereits über die Unterschiede zwischen uns Arcturianern und euch Menschen gesprochen, aber eine gewisse Einschränkung bei der Wahrnehmung betrifft beide: jene, die in höhere Dimensionen *hinauf*blicken, und jene, die sozusagen aus höheren Dimensionen *hinab*blicken. Wir haben dieses Dilemma bislang nicht lösen können. Es ist ein andauerndes Experiment, und es wird durch den zunehmenden Stellenwert des arcturianischen Herzens im Kollektiv meiner Zivilisation noch verkompliziert.

Unter den Arcturianern setzt sich allmählich die Erkenntnis durch, dass die Mission – worin auch immer sie besteht – durch unsere Herzen abgemildert werden muss. In der Vergangenheit haben wir das, was wir im Herzen gespürt haben, vernachlässigt, um unserer Auffassung der Mission treu zu bleiben. Und ich muss hinzufügen, dass diese Auffassung der Mission wie alle Dinge relativ zum Wahrnehmenden ist.

Wie bei euch Menschen auch gibt es bei uns Arcturianern Realitäten, über die allgemeine Übereinstimmung herrscht – ein kollektiver Blickwinkel auf die wahre Natur der Realität und den Zweck unserer Existenz. Und wie bei euch kommt es auch bei uns zunächst zu Umbrüchen, wenn ein neuer kollektiver Blickwinkel entsteht. Selbstreflektion, ein neuer Blick auf die Geschichte und die Richtung, die in Zukunft eingeschlagen werden soll, werden nötig. Wir ihr erzeugen wir durch die Konstellation von Quantenrealitäten mögliche Zeitlinien, die durch die Individuen in unserer kollektiven Gesellschaft aufrechterhalten werden. Und wenn genügend Individuen ihre Meinung ändern, dann wird der Lauf der Geschichte verändert.

Auch das gilt für euch in gleicher Weise.

Maria Magdalena

I ch gehe mit großer Sicherheit davon aus, dass einige Individuen, die dies lesen, Schwierigkeiten mit der Vorstellung haben werden, dass biblische Figuren außerirdischen Ursprungs sein könnten. Doch ich versichere euch, dass viele biblische Charaktere ihren Ursprung in anderen Welten haben, und selbst die dort beschriebenen Götter waren fortschrittliche außerirdische Intelligenzen, die fehlerhaft wahrgenommen wurden.

Ach, eigentlich drehte sich mein ganzes Leben um fehlerhafte Wahrnehmungen. Doch das ist eine andere Geschichte.

Ich möchte hier die Geschichte erzählen, wie ich meine arcturianischen Wurzeln entdeckte – genauer gesagt, meine arcturianische Emanation –, wie ich in Yeshua dasselbe erkannte – also *seine* arcturianische Emanation – und wie er und ich durch die Verbindung der beiden eine Mission hervorbrachten.

Schon bei meiner Geburt wusste ich, dass ich anders bin, und auch meine Mutter, Gott segne sie, wusste es. Oder sollte ich sagen: *Die Göttin* segne sie? Da sie erkannte, dass ich anders war, brachte sie mich zum Tempel der Isis, wo man mich in die Mysterien der Großen Göttin, der Kosmischen Mutter, einführte. Zu dieser Einführung gehörte auch stundenlanges Meditieren, wie ihr es wohl nennen würdet.

Einige Meditationen fanden zum Klang von Trommeln, Harfen und anderen Instrumenten statt, und wir bewegten uns in stilisierter Weise, um unseren Bewusstseinszustand zu verändern. Durch diese Bewegungen und Klänge öffneten sich innere Türen – und ich war frei von den Beschränkungen der physischen Welt. Ich reiste auf Isis' Schwingen durch den Kosmos, und in dieser Ausbildungsphase fand ich mich oft auf Arcturus wieder, wohin mich Isis' Schwingen durch ein Wurmloch getragen hatten, also durch einen Kanal zwischen Welten, die so weit voneinander entfernt und sich im Bewusstsein doch so nahe sind.

Man lehrte mich, meinen Verstand so auszurichten, dass ich diese anderen Welten auch kraft meines eigenen Willens betreten konnte.

Irgendwann während dieser Ausbildung und meines Dienstes am Tempel entdeckte ich meine Emanation – meine arcturianischen Wurzeln. Und eine Zeitlang lebte ich in einem sehr seltsamen Paradoxon, in dem ich mich einerseits als Menschenfrau erlebte, die eine Ausbildung zur Priesterin machte, andererseits aber auch meine arcturianische Identität wahrnahm. Es war eine seltsame Mischung aus Mensch und Emanation.

Doch je mehr ich meine Emanation zu begreifen lernte, desto umfassender lernte ich auch die Gaben zu schätzen, die sie mit sich brachte, und ihre – hm, wie soll ich es nennen? Herausforderungen?

Ich melde mich an dieser Stelle zu Wort, um anderen zu helfen, die arcturianische Emanationen oder Emanationen aus anderen Welten besitzen.

Die Herausforderung, vor der ihr steht, ist einzigartig – als Mensch zu leben und doch zu wissen, dass mehr in euch steckt. Doch wie sollt ihr die einzigartigen Gaben eurer Emanation zu einem Teil eures menschlichen Lebens machen, ohne zu viel Aufmerksamkeit auf euch zu ziehen? Vergesst nicht, dass die Menschen als Kollektiv den Emanationen aus anderen Welten misstrauen.

Einige von euch haben das Gefühl, große Schätze in sich zu tragen, die aber keiner erkennt. Andere haben ihre Gaben anderen gegenüber gezeigt und wurden betrogen, oder ihre Gaben wurden aufgrund von Ignoranz missverstanden.

Diese verfahrenen Situationen müssen alle zu meistern lernen, die Emanationen in sich tragen, und meine Geschichte ist nicht besser als eure. Und doch hoffe ich, dass meine Geschichte euch dabei hilft, eure eigene Situation besser zu verstehen. Es besteht Hoffnung, dass ihr einen inneren Weg findet, auf dem ihr lernen könnt, eure Emanation als das zu schätzen und zu lieben, was sie ist.

In ihrer einfachsten Form ist eine Emanation eine Energetik, die eine eigene Intelligenz besitzt. In meinem Fall war es eine arcturianische Emanation, weshalb ich dazu neigte, energetisch nicht auf eine menschliche, sondern auf eine arcturianische Weise auf Situationen zu reagieren, und manchmal nutzte ich zur Lösung von Problemen keine menschliche, sondern eine arcturianische Form der Intelligenz. Auf meine Mitmenschen wirkte das einfach nur seltsam und befremdlich, doch jene, die hellsichtig waren, sahen klar und deutlich, dass es Teil meiner Natur war, durch meine Emanation zu handeln. Emanationen ermöglichen dem Individuum also Seins- und Handlungsweisen, die anders sind als die menschliche Natur des Individuums – manchmal auch gegensätzlich dazu.

Aber richten wir unsere Aufmerksamkeit wieder auf den Tempel der Isis. Es war ein äußerst glücklicher Zufall, dass die Hohepriesterin nicht nur mein Potenzial, sondern auch meine Emanation erkannte. Sie wusste genau, wie sie mit einem Wesen wie mir umzugehen hatte. Und das war keine leichte Aufgabe, denn ich war willensstark. Dies war auf meine Emanation zurückzuführen, denn wir Arcturianer sind handlungsorientiert und bereit, uns ohne zu zögern jedem Konflikt zu stellen. Meine Lehrerin brachte mir Geduld bei, und sie enthüllte mir meine Emanation durch Tiefenmeditationen, die wir im innersten Heiligtum des Tempels gemeinsam durchführten.

Nach fast einem Jahr sagte sie, dass meine Ausbildung nun eine neue Richtung einschlagen würde. Ich sollte die Sexualmagie der

Isis und die tiefen Mysterien der Alchemie des Horus erlernen. Wenn ich diese Geschichte erzähle, bin ich den Tränen nahe vor Liebe und Respekt gegenüber dieser Lehrerin und jener sorglosen Tage im Tempel, ehe meine Arbeit in der Welt begann.

Die Sexualmagie der Isis galt als besonders heiliger Weg. Sie nutzt Sexualenergie, um das persönliche Bewusstsein zu transformieren und die Schlange zu erwecken, die an der Basis der Wirbelsäule schläft, damit sie sich über den Djed, den heiligen Weg der Chakras, in die höheren Gehirnzentren erhebt. Auf diese Weise öffnet sie Tore in andere Welten und vereint das persönliche Bewusstsein durch die heilige Ehe, die im innersten Heiligtum des Gehirns vollzogen wird.[20]

Damals verstand ich noch nichts davon, doch als ich Yeshua zum ersten Mal begegnete, begriff ich es. Mit *es* meine ich den Grund, aus dem meine Lehrerin meinen Lehrplan änderte. Ich dachte, dass ich lernen sollte, selbst Hohepriesterin zu werden. Mir war niemals in den Sinn gekommen, dass ich eine Priesterin der hohen Sexualität werden könnte, oder dass ich dieses Wissen zusammen mit einem Mann nutzen würde, der mein Ehemann werden sollte. Ich hatte gedacht, dass ich ein zölibatäres Leben führen würde. Die Hohepriesterinnen kultivierten ihre Sexualenergie nämlich, bis sie zu einem brodelnden Kessel wurde, deren Druck die Priesterinnen in andere Welten katapultierte. Ich dachte, dies sei der Weg, den ich beschreiten würde, und so war ich sehr überrascht, als meine Lehrer mir mitteilten, dass ich in die Mysterien der Sexualmagie der Isis eingeweiht werden würde.

Nachdem ich meine Ausbildung in der Wissenschaft und Kunst der sexuellen Transformation und der Alchemie des Horus abgeschlossen hatte, entschieden meine Lehrer, dass ich nun für meine Aufgabe bereit sei.

---

[20] Diese Technik, die im Gegensatz zu früheren Kundalini-Meditationen vorwiegend mit weiblicher Energie arbeitet, hat Tom Kenyon in einem Intensivseminar vorgestellt, das auch als deutsches CD-Set vorliegt: *Kundalini Rising. Die Erweckung der Schlange des Lichts.* Auf www.AmraVerlag.de gibt es Hörproben. – *Die Red.*

Nach meiner letzten Initiation als Hohepriesterin der Sexualmagie der Isis brachte mich meine wichtigste Lehrerin ins innerste Heiligtum und überreichte mir einen schlangenförmigen Armreif. Er war ein Symbol und machte mich allen Wissenden gegenüber kenntlich als Eingeweihte und Meisterin der Sexualmagie der Isis.

An dem Tag, an dem ich Yeshua beim Brunnen begegnete, trug ich diesen Armreif, und seine Mutter Maria, ebenfalls eine Eingeweihte der Isis, erkannte ihn sofort. Als wir einander in die Augen sahen, verstand ich, warum meine Lehrerin im Tempel mein Schicksal geändert hatte.[21]

Die Emanation, die all diese Jahre in mir geschlummert hatte, begründete nun eine Mission, die schon lange vor meiner Verkörperung als Menschenfrau geplant gewesen war – eine Geschichte, an der die heilige Dreifaltigkeit aus Yeshua, der Mutter Maria und mir selbst beteiligt war. Die Ironie dieser Worte bringt mich zum Lachen.

Ich möchte gerne über einen zentralen Bestandteil von Emanationen sprechen: den Gedächtnisverlust, der mit ihnen einhergeht. Ich wusste, dass ich anders war als andere. Ich wusste nicht genau, in welcher Hinsicht, sondern nur, dass es so war. Meine Mutter wusste es ebenfalls, und als sie mich zum Tempel der Isis brachte, sah es auch die Hohepriesterin. Sobald meine Mutter mich dem Tempel übergab, begann ein neues Kapitel in meinem Leben. Aber damals verstand ich meine Emanation noch nicht und erahnte kaum etwas davon. Ich begriff sie ja nicht einmal, wenn ich mit einem veränderten Bewusstseinszustand durch das Portal auf Arcturus katapultiert wurde.

Als meine Lehrerin mich unter ihre Fittiche nahm und mir meine Emanation von Mal zu Mal mehr offenbarte, wurden mir Zusammenhänge ansatzweise bewusst, doch bis heute finde ich es

---

21 Mehr über das Leben von Yeshua und Maria Magdalena aus Mutter Marias Sicht können Sie dem Buch *Mutter Maria – Königin der Herzen* entnehmen, das Petra A. Freese channelte. Leseproben finden Sie auf www.AmraVerlag.de. – *Die Red.*

seltsam, dass ich sie erst ganz verstand, als ich in Yeshuas Augen blickte. Mein Verstand zerschellte durch das Gefühl des Wiedererkennens, mein Herz zersprang vor Liebe zu ihm, und durch die Scherben meiner selbst sah ich in die Augen der Mutter Maria, die mich erkannte, und mit einem Schlag begriff ich das volle Ausmaß meiner Emanation und den Zweck meiner Mission – all das enthüllte sich mir in diesem einen Augenblick dort am Brunnen. Wie ironisch und wie typisch!

Als Yeshua und ich langsam mehr übereinander herausfanden, war uns beiden klar, dass wir eine gemeinsame Mission hatten. Er war derjenige, den die Welt sehen würde, ich war diejenige, die im Schatten bleiben würde. Ich hatte damals kein Problem damit und habe es bis heute nicht. Ich war Teil der Mission, die auch darin bestand, dass ich die kosmischen Kräfte auf Yeshua übertrug, zu denen ich durch die Mysterien der Isis Zugang hatte.

Und wenn wir uns liebten, traten wir ein in einen hohen tantrischen Zustand, in dem wir oft an zwei Orten gleichzeitig waren, unsere Körper verflochten in einer sexuellen Umarmung, in Ekstase – dabei waren wir auch auf Arcturus, wo wir Rituale der Ermächtigung erlebten. Manchmal begaben wir uns sogar beide in Regenese-Kammern, um unser menschliches Selbst durch arcturianische Technologie stärken zu lassen.

Vereinen sich zwei Personen, die beide eine ähnliche Emanation besitzen, können sie Zugang zu großer Macht und Kreativität erlangen. Wenn wir zusammen waren, nur wir beide, erlebten wir gemeinsam ekstatische Zustände in Körper und Geist, die ich niemals mit Worten beschreiben könnte. Wir flogen gemeinsam in die höchsten Reiche, und es war die erfüllendste Zeit meines Lebens – jene Zeit, in der ich mit Yeshua allein war, weit weg von der Welt.

Doch wir hatten eine Mission, bei der die Welt eine Rolle spielte, und ich könnte viel dazu sagen, doch darum geht es mir an dieser Stelle nicht.

In diesem Text spricht auch Yeshua kurz über seine Zwickmühle zwischen der Mission und den Bedürfnissen des Herzens. Und in dem Bewusstseinsreich der neunten Dimension, in der wir uns wieder vereinen, sprechen auch wir beide darüber.

Als Frau – als Menschenfrau – verstehe ich die Bedürfnisse des Herzens. Und es freut mich, dass die arcturianische Zivilisation ihre Aufmerksamkeit endlich auf dieses Paradoxon richtet. Was dabei herauskommen wird, weiß ich nicht. Doch da die arcturianische Zivilisation selbst sich damit befasst, vertraue ich darauf, dass die Lösung intelligent und höchst kreativ sein wird.

Und nun möchte ich zu dem Hauptgrund zurückkehren, aus dem ich hier spreche. Viele, die dies lesen, tragen Emanationen aus anderen Welten in sich. Im Augenblick werden viele Wesen, die ebenfalls Emanationen aus anderen Welten in sich tragen, als Menschen verkörpert. Auf diese Weise wird die Menschheit am häufigsten durch Intelligenzen beeinflusst, die nicht von eurem Planeten stammen. Der Druck, der sich zwischen dem Mensch-sein und einer Emanation aufbaut, kann gewaltig sein, doch er gleicht dem Druck, der Kohle in Diamanten verwandelt. Wenn ihr den Druck ertragen könnt, werdet ihr etwas aus eurem Leben ziehen, das von größtem Wert ist. Und als arcturianische Emanation eine menschliche Erfahrung durchlebt zu haben, ist den Preis meiner Meinung nach wert – selbst wenn ich keinerlei Absicht habe, zurückzukehren.

Ich wünsche jenen unter euch, die Emanationen aus anderen Welten in sich tragen, sowohl Güte als auch großes Glück für ihr Leben auf diesem so interessanten und doch noch so primitiven Planeten. Möge eure Emanation ein Segen für die Menschheit sein, und möge eure Erfahrung auf dieser Erde ein Segen für euch sein.

*Eines der Hindernisse für euer menschliches Potenzial
liegt in der begrenzten Perspektive auf die Geschichte.
Viele eurer Religionen haben Wesen zu Göttern
erhoben, die nicht übernatürlich waren,
sondern nichts weiter als fortgeschrittene außerirdische Rassen.*

EKTARA

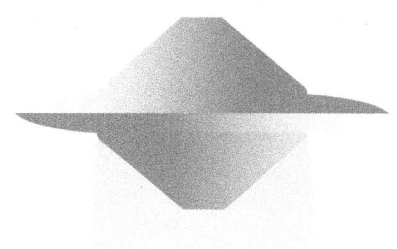

Yeshua ben Joseph

A uch ich bin Arcturianer, doch ich bin nicht Sanat Kumara.
Viele, die dies lesen, kennen mich wohl unter dem Namen
Yeshua ben Joseph – Jesus von Nazareth.

Ich möchte einige Missverständnisse über mich und meine Botschaft aus dem Weg räumen.

Ich bin Arcturianer. Eine meiner Emanationen lebte in Menschengestalt auf dieser Erde. Die Bibel, ein stark verfremdetes Dokument, berichtet, dass ich durch eine unbefleckte Empfängnis zur Welt kam, dass meine Mutter Maria den heiligen Geist empfangen habe.

Tatsächlich handelte es sich um eine arcturianische Empfängnis. Bei der Vereinigung dieser beiden Wesen wurde ich gezeugt, und obwohl ich einen menschlichen Körper hatte, war die Hälfte meines Erbguts arcturianisch. Anders gesagt: Meine Mutter war ein Mensch und mein Vater ein männlicher Arcturianer. Durch meine arcturianische Natur konnte ich leicht in kontemplative Geisteszustände eintreten und Kontakt zu meinem fünftdimensionalen Selbst aufnehmen, denn als Jesus war ich nur ein kleiner Anteil meines Selbst, das in der fünften Dimension beheimatet ist.

Könnt ihr euch vorstellen, wie seltsam es war, vor zweitausend Jahren ein menschliches Wesen und dabei zur Hälfte so weit fortgeschritten und nicht von dieser Welt zu sein?

Als ich zu einem Mann heranwuchs und ein umfassenderes Wissen um meine Natur entwickelte, begriff ich, dass mein fünftdimensionaler Aspekt Technologien besaß, zu denen ich Zugang hatte. Viele Wunder, die man mir zuspricht, waren das Ergebnis meiner Nutzung dieser Technologien aus der fünften Dimension.

Meine Botschaft war einfach.

Liebt einander.

Diese Eigenschaft, diese Fähigkeit zur Empathie mit anderen ist ein arcturianisches Charakteristikum.

Ich dachte, meine Mission würde einfacher werden, als sie es tatsächlich war. Die Gegenreaktion aus menschlicher Dummheit, Gier, Arroganz und dem angeborenen Drang, andere zu unterwerfen, hatte ich nicht vorausgesehen.

Im Augenblick meiner Wiederauferstehung, wie er in den Evangelien beschrieben wird, verschwand mein Leichnam aus dem Grab. Nicht beschrieben wurde, dass ich dazu arcturianische Technologien nutzte, denn die primitiven Gemüter verstanden davon nichts. Ich verschob die atomaren Komponenten meines physischen Körpers einfach mithilfe arcturianischer Lichtformtechnologie in die fünfte Dimension.

Sehr kurz nach meinem Tod und meinem Verschwinden von der Erde gewannen interne Machtkämpfe und Eifersucht an Einfluss. Der Schüler, den ich am meisten liebte und der am weitesten entwickelt war – der Schüler, der in Wahrheit zu meinem Lehrer wurde –, war meine Frau Maria Magdalena. Doch paradoxerweise wurde ausgerechnet sie von den begrenzten, kleinlichen Gemütern aus dem Kreis meiner verbleibenden Schüler verdrängt.

Ich finde es ironisch und erbärmlich, dass ich vor einer ähnlichen Wahl stand, wie sie nun Sanat Kumara treffen muss. Für einen Arcturianer ist die Mission immer das Wichtigste. Sie drängt alle Bedürfnisse des Herzens in den Hintergrund. Ich habe meine geliebte Magdalena zurückgelassen, und auch unsere Tochter – eine Tatsache, über die in den Evangelien nicht berichtet wird.

Wie auch Sanat Kumara blicke ich zurück und frage mich, ob ich heute noch genauso handeln würde.

Ich stimme mit Sanat darin überein, dass wir Arcturianer anfangen müssen, unser Herz in die Gleichung unserer allumfassenden Hingabe an unsere Missionen miteinzubringen.

Ich finde es tröstlich, dass ich bei meiner geliebten Magdalena bin, doch was mit meiner Botschaft passiert ist, entmutigt mich. Jene, die behaupten, meine Anhänger zu sein, versuchen nicht, das Höchste in sich zu erreichen, sondern sie erwarten, dass ich ihnen ihr Seelenheil bringe. Das war niemals meine Absicht, und ich habe auch niemals etwas Derartiges kommuniziert. Es gab viele Übersetzungen meiner Worte, und die meisten von ihnen sind ungenau. Im Grunde haben ich versucht, jenen, die mir folgten, zu vermitteln, dass sie *errettet* werden, wenn sie selbst ihr Leben, ihre Intelligenz und ihre Freiheit anheben.

Ich finde es jämmerlich und unglücklich, aber auch verständlich, dass meine Wahrheit so stark verzerrt wurde.

Mit *errettet* meine ich: *errettet vor einem niederen Leben, errettet vor einer verringerten Intelligenz, errettet vor der Einkerkerung der Seele.*

Jene, die darauf warten, dass ich zurückkehre, um sie vor dem Missbrauch zu retten, den sie selbst mit ihrem Leben treiben, vor ihrer eigenen Dummheit und dem Gefängnis, das sie in Form von Dogmen für sich selbst und andere errichten, werden bitterlich enttäuscht werden.

Abgesehen davon, dass ich Magdalena zurückgelassen habe, bedaure ich kaum etwas so sehr wie den zeitweisen Verlust meiner Tochter, doch ich konzentrierte mich einzig auf die Mission. Nun, da sie abgeschlossen ist, wird mir schlecht beim Anblick dessen, was in meinem Namen auf der Erde geschehen ist und geschieht.

Wie kann ein Mensch, der meinen Namen trägt, indem er sich selbst einen Christen nennt, Hass anstatt von Liebe propagieren? Für mich als Arcturianer ist es unbegreiflich, dass meine Botschaft derart verzerrt werden konnte – doch als Mensch, der auf dieser Erde gelebt hat, kann ich es verstehen.

Wie Sanat Kumara erwähnt hat, gibt es sowohl wohlwollende als auch böswillige intergalaktische Wesen. Einige sind freundlich, andere nicht. Und dasselbe gilt auch für Menschen. Diese Frage muss jeder Mensch für sich selbst beantworten.

Wirst du in deiner Welt eine wohlwollende oder eine böswillige Kraft sein?

Wenn du in deinem Leben eine wohlwollende Kraft sein willst, dann heiße ich dich willkommen, ob du dich nun als Christ bezeichnest oder nicht.

Wenn du aber eine böswillige Kraft sein und Hass in dieser Welt verbreiten willst, dann bezeichne dich nicht als Christen.

Um meiner Namensvettern willen bitte ich darum.

Azuron

Arcturianischer Heiler

E s wundert mich, dass man mich gebeten hat zu sprechen. Man kannte mich als Dr. Azuron. Ich war Stabsarzt auf einem arcturianischen Sternenschiff, doch während eines Gefechts mit ruchlosen Sternenreisenden, das in einen regelrechten Kampf mündete, wurde ich getötet. Wir kämpften, um die Erde zu schützen.

Heute kennt man mich einfach nur als Azuron, denn ich halte mich nun in der zehnten Dimension auf und habe nur noch wenige Verbindungen zur arcturianischen Realität. Es ist, als stünde ich außerhalb des arcturianischen Traums, und von diesem Blickwinkel aus erscheint mir das, was mir im Zuge der Mission so unglaublich real vorkam, wie eine ferne Fantasie.

Es ist schwer, meine Natur als Lichtwesen der zehnten Dimension zu beschreiben, weil es so wenige Bezüge gibt. Bis zur neunten Dimension verfügen wir über etwas, das wir als Gestalt erleben, doch ab der zehnten Dimension verwandelt sich unsere menschenähnliche arcturianische Gestalt in geometrische Lichtmuster.

Mein Übergang in die Realität der zehnten Dimension war abrupt. Ich habe den Verdacht, dass sich ein menschliches Wesen ähnlich desorientiert fühlt, wenn es stirbt.

Die Reizzufuhr, die über meinen Körper erfolgte, brach plötzlich ab, und mir war, als würde ich eine Treppe in einem langen

Korridor emporsteigen. Noch während ich diese Stufen nahm, wusste ich, dass ich starb und überging zu einer höheren Schwingungsebene der Existenz.

In diesem Augenblick hatte ich eine Wahl. Ich konnte als Arcturianer reinkarniert werden oder eine höhere Dimension wählen. Ich entschied mich für die höhere Dimension – auch, weil ich neugierig war. Die Neugierde war schon immer mein wichtigster Verbündeter. Sie brachte mich dazu, die arcturianische Heilkunde zu meistern. Doch nun, wo ich kein Arcturianer mehr bin, sondern eher einer kreisenden Lichtkugel mit arcturianischen Eigenschaften ähnele, bin ich frei von den Zwängen meiner vorherigen Mission und in der Lage zur Selbstreflektion.

Aus meiner Perspektive ist es höchst interessant, dass Sanat Kumara einige seiner Entscheidungen überdenkt und die Bedürfnisse des Herzens gegen die Anforderungen der Mission abwägt.

Arcturianer sind verrückt nach Missionen. Sie liegen einfach in ihrer Natur. Wenn Sanat Kumara sein Herz zu einem Teil der Gleichung macht, ist das also keine kleine Sache. So wie alle Zivilisationen entwickeln auch wir uns als Zivilisation, und entweder entwickelt man sich weiter, oder man entwickelt sich zurück. In einem statischen Zustand hält man es nicht sehr lange aus.

Da Sanat Kumara einer der Ältesten ist, finden seine Betrachtungen die Beachtung von vielen fortgeschrittenen Individuen in der arcturianischen Kultur. Für mich ist es interessant, dieses Dilemma von außen zu sehen. Als Lichtwesen der zehnten Dimension gehören meine Beziehungen zu anderen einer ganz anderen Ordnung an als jene, die ich in Gestalt eines Arcturianers erlebt habe.

Ich verarbeite Informationen nicht mehr so wie früher. Herz und Verstand sind für mich keine getrennten Erlebenskategorien mehr. Ich bin leuchtendes Gewahrsein mit empathischem Potenzial.

Wie ich schon sagte, bin ich neu in dieser Realität der zehnten Dimension, und obwohl ich mich frage, warum ich gebeten wurde, meine Eindrücke zu teilen, werde ich mehr darüber erzählen, wie ich die Realität der zehnten Dimension erlebe.

Im arcturianischen Herzen gibt es eine große Wunde. Sie entstand durch eine Dichotomie zwischen Herz und Verstand. Und ich glaube, dass viele Menschen eine ähnliche Herzenswunde haben.

Als ich noch ein Arcturianer war und mich selbst als Arcturianer erlebte, lebte und atmete ich für die Mission, worin auch immer sie bestand. Stellte mein Herz Fragen, dann unterdrückte ich es kraft meines Verstandes, um der Mission zu dienen. Für einen Arcturianer gleicht das einem Reflex. Es handelt sich um eine kulturelle Erwartung.

Doch nun stellen die älteren Mitglieder unserer Zivilisation, so wie Sanat Kumara und andere, die Weisheit dieser Dichotomie infrage. Für meine Mitarcturianer ist das eine merkwürdige Situation. Ich beobachte dies von einem Bewusstseinszustand aus, der sich außerhalb des arcturianischen Dilemmas befindet, und auch außerhalb des menschlichen Dilemmas zwischen Herz und Verstand.

Etwas erhebt sich im arcturianischen Verstand, eine kollektive Welle der Traurigkeit. Denn auch, wenn wir Emotionen anders erleben als ihr, haben wir welche – und manchmal haben sie *uns*. Parallel zu dieser Welle der Traurigkeit über die arcturianische Dichotomie zwischen Herz und Mission verläuft unsere kollektive Hingabe an die Aufgabe, euren Sektor des Alls vor all jenen zu schützen, die wir als ruchlose Sternenreisende bezeichnen.

Eure Welt wurde schon genug durch derartige Störfaktoren infiziert und manipuliert.

Ein Lichtwesen der zehnten Dimension zu sein, ist schon eine seltsame Angelegenheit. Ich habe in emotionaler Hinsicht noch Bande zur arcturianischen Zivilisation und der Besatzung des Sternenschiffs, auf dem ich gedient habe. Und ich kann durch mein empathisches Potenzial wahrnehmen, dass sie in unterschiedlichem Grad Unwohlsein verspüren. Dieses Unwohlsein entsteht durch das kollektive Gefühl, dass etwas fehlt.

Wenn ich das aktuelle arcturianische Dilemma zusammenfassen sollte, würde ich sagen, dass es auf einer fundamentalen Frage beruht. Wie kann man der Mission treu bleiben, ohne sein Herz im Stich zu lassen? Und wie kann man seinem Herzen treu bleiben, ohne die Mission im Stich zu lassen?

Ich wurde auch gebeten, meine Eindrücke und neuen Einsichten über das Wesen der Medizin mitzuteilen. Ich finde es auf seltsame Weise amüsant, kurios und tröstlich, dass mir meine Vorliebe für die Ausübung heilerischer Tätigkeiten selbst in der zehntdimensionalen Realität geblieben ist – doch verfüge ich hier über keine Ausrüstung. Es gibt keine Werkzeuge. Es gibt nichts, das man festhalten und bedienen könnte, denn ich habe keine Hände. Ich habe keinen Körper. Ich bin eine kreisende Lichtkugel.

Und doch bemerkte ich ganz kurz nach meinem Tod, nachdem ich mir dieser zehntdimensionalen Welt bis zu einem gewissen Grad bewusst geworden war, einen stärker werdenden Wunsch zu heilen. Und ich bemerkte, dass ich Licht auf eine neue Weise manipulieren konnte, und zwar durch die Vereinigung meiner Intention mit den Lichtfasern meines Körpers – dieses kugelförmigen, kreisenden Lichtfelds. Da ich eine tiefe Verbindung zu meinen Mitarcturianern auf dem Sternenschiff habe, fühlte ich mich nach wie vor von ihnen angezogen, und so begann ich, meine ehemaligen Patienten zu besuchen, wenn sie schliefen. Ich ging meiner Arbeit als Heiler ohne Ausrüstung weiter nach – nur mithilfe meines Willens und der Natur des Lichts.[22]

Ich weiß jetzt, dass auch euch Menschen Heiler aus höheren Dimensionen zur Verfügung stehen, und ein großer Teil dieser Heilungen findet statt, wenn ihr schlaft. Ich erwähne das, weil ihr

---

[22] Azurons Schilderung seiner Existenz als kugelförmiges Lichtfeld erinnert an Orbs, ein Phänomen auf den Fotos digitaler Kameras. Auch sie werden von vielen Menschen als Heiler erlebt. Mehr darüber erfahren Sie in dem Buch *Orbs – Lichtboten der größeren Realität* von Klaus und Gundel Heinemann oder auf der preisgekrönten DVD *Orbs – Der Schleier hebt sich* von Randy und Hope Mead. *Music for Orbs* ist eine CD mit Musik zur Schwingungserhöhung, die es erleichtert, mit diesen Bewusstseinsprojektionen in Verbindung zu treten. Textauszüge, Trailer und Hörproben gibt es auf www.AmraVerlag.de. – *Die Red.*

diese Heiler aus höheren Dimensionen zu euch rufen könnt. Ihr könnt sie um Hilfe bitten, ehe ihr zu Bett geht.

Ihr erhaltet diese Hilfe nur, wenn ihr darum bittet. Deswegen mache ich dich – dich, den Menschen – darauf aufmerksam, dass dir Heiler aus höheren Dimensionen zur Verfügung stehen, die du aber um ihre Hilfe bitten musst. Einige von euch müssen dazu erst die Überzeugung hinter sich lassen, dass sie keine Hilfe verdient haben. Doch das ist ein Thema für sich.

So kann ich euch nur sagen: Wenn ihr Hilfe von diesen Heilern aus einer höheren Dimension wünscht, bittet darum, wenn ihr zu Bett geht. Bittet um genau die Hilfe, die ihr euch wünscht. Formuliert diese Bitte in eurem Kopf, durch eure Gedanken. Eure Bitte um ihre Hilfe erteilt ihnen die Erlaubnis, mit euch zu arbeiten. Jene unter euch, die von empfindsamer Natur sind, werden ihre Arbeit sofort bemerken. Ihr werdet ihre Präsenz entweder energetisch oder in der Traumzeit spüren. Jene unter euch, die in dieser Hinsicht nicht sehr empfindsam sind, werden einfach nur eine Verbesserung ihres gesundheitlichen Zustands bemerken.

Das Ausmaß der Verbesserung hängt einerseits vom Können des Heilers aus einer höheren Dimension und andererseits von eurer Bereitschaft ab, die Heilung anzunehmen. Deswegen würde ich vorschlagen, beim Experimentieren mit dieser Form von Heilung um die höchstmögliche Heilungsebene und um einen Heiler aus einer höheren Dimension zu bitten, der das höchstmögliche Können erreicht hat. Die andere Seite der Gleichung besteht dann darin, dass ihr alle Gedanken und Eindrücke in euch beseitigt, die sich darauf beziehen, dass ihr diese Form der Heilung nicht verdient habt.

Diese beiden Aspekte gewähren euch die höchstmögliche Form von Heilung.

Du als Individuum beeinflusst durch dein Denken,
Fühlen und Handeln in dieser Welt das Kollektiv.
Sei dir dessen bewusst.
Jeder Mensch auf diesem Planeten beeinflusst
eure kollektive Wahrnehmung der Realität und
die Möglichkeiten eures kollektiven Schicksals.
Dies vollzieht sich auf einer Mikroquantenebene,
und obwohl es stimmt, dass politische und religiöse
Gestalten die Welt direkter beeinflussen können und scheinbar
mehr Macht haben als andere Individuen oder Gruppen
von Individuen, verwandelt sich dieser Umstand
zunehmend in eine Illusion.
Ich sage das, weil eure Technologien Individuen auf
ganz neue Weise Macht verleihen – eine Weise, die sich jene,
die diese Technologien erschaffen haben, niemals erträumt hätten.

SANAT KUMARA

Esu

Arcturianischer Meditationsmeister
Teil 1

Arcturianische telepathische Holografie
Wie man mit einem Arcturianer kommuniziert

Ich bin als Esu bekannt, aber mein Name lautet Esutokoruo. Ich bin ein arcturianischer Meditationsmeister. Die arcturianische Technologie beschäftigt sich sowohl mit den äußeren wie den inneren Realitäten. Hierfür nutzen wir ein Interface zwischen unserem Bewusstsein und dem, was ihr Computertechnik nennen würdet. Doch geht es bei dieser Technologie um Lichtinformationen, da wir in der fünften und noch höheren Dimensionen existieren. Euch würden unsere technischen Geräte nichtmateriell und substanzlos vorkommen, aber wir können sie genauso anfassen, wie ihr eure Computer anfasst.

Unsere technologischen Verfahren nutzen die Fluktuationen des Lichts. Im Verlauf dieser *Wissensübermittlung* – sollen wir es so nennen? – werden andere Arcturianer gewiss näher auf dieses Thema eingehen. Mein Fachgebiet jedoch ist der Geist, das Bewusstsein.

Wie schon gesagt, verwenden wir ein Interface zwischen unserem Bewusstsein und dem, was ihr Hardware nennt. Wie es von meinen Vorrednern bereits dargelegt wurde, haben wir Arcturianer uns bei unserer Mission, die Erde zu schützen, für eine zweifache Strategie entschieden, mit all ihren Vor- und Nachteilen. Das eine Element dieser Strategie besteht darin, den euren Planeten umgebenden interdimensionalen Raum zu schützen. Hierbei patrouillieren unsere Sternenschiffe in jenem Sektor, den ihr das Sonnensystem nennt, mit dem alleinigen Ziel, feindliche Sternenreisende daran zu hindern, in euer Gebiet einzudringen.

Das zweite Element unserer Strategie besteht darin, Mikrotunnel für die Kommunikation mit Menschen zu öffnen, um deren Bewusstsein für die größere Realität des Kosmos zu erschließen.

Auf diesen Aspekt möchte ich nun näher eingehen. Als Meditationsmeister trainiere ich arcturianische Krieger darauf, ihr Bewusstsein zu meistern, damit sie ihren Auftrag effektiver erfüllen können.

Es ist eine Ehre für mich, ein Entwicklungsprogramm für Menschen präsentieren zu können. Dieses wissenschaftlich überaus faszinierende Programm wird, so hoffen wir, euch in die Lage versetzen, Mikrotunnel der Kommunikation besser aufrechterhalten und nutzen zu können. Ich hoffe und erwarte, dass es euch mit Hilfe der Informationen, die ich hier an euch weitergebe, gelingen wird, diese Mikrotunnel der Kommunikation zwischen euch und der arcturianischen Zivilisation zu stabilisieren.

Nicht alle, die diese Worte lesen, werden bereit oder in der Lage sein, das in die Tat umzusetzen, um was ich euch bitten werde, aber wer von euch bereit dazu ist, dieses Meditationsprogramm durchzuführen, wird das deutlich spüren. Es wird sich deutlich eine dementsprechende Erkenntnis einstellen.

Meine erste Aufgabe ist es, euch zu vermitteln, dass ihr telepathische Hologramme empfangen könnt. Diese telepathischen Hologramme sind zwischen Arcturianern das hauptsächliche Kommunikationsmittel. Ektara und Frephios erläutern das ziemlich gut.

Ich beschreibe etwas, das weit komplexer ist als alles in eurer dreidimensionalen Realität. Wenn ihr euch Zugang zu diesen telepathischen Hologrammen verschafft, so ist das, als würdet ihr gewissermaßen einen anderen Gang einlegen. Ihr werdet dann ein feineres Gespür für die Dinge und ihre fließende, veränderliche Natur entwickeln, wie ihr es als verkörperte Wesen normalerweise nicht erlebt.

Ich denke, am besten lässt sich diese Vorgehensweise anhand eurer Erinnerungen veranschaulichen. Menschliche Erinnerungen werden holografisch gespeichert. Möglicherweise erlebt ihr diesen Aspekt eurer Erinnerungen nicht bewusst, aber es ist dennoch so, dass alle eure Erinnerungen als Hologramme gespeichert werden.

Die Neuronen eures Gehirns und eurer neurologischen Netzwerke sind die fundamentale Hardware, durch die diesen holografischen Informationspaketen ihre Existenz ermöglicht wird.

Beginnen wir dieses Programm mit einer Erinnerung aus eurer Vergangenheit. Wie einige Arcturianer schon erwähnten, nehmen wir eure Zeitlinie anders wahr als ihr, weil wir uns außerhalb der Zeit befinden.

Für uns existieren eure Vergangenheit, Gegenwart und Zukunft gleichzeitig in einer merkwürdigen Matrix der Möglichkeiten. Mit der Bezeichnung *Matrix der Möglichkeiten* beziehe ich mich auf die möglichen und wahrscheinlichen Zukünfte, die aus eurer Vergangenheit und eurer Gegenwart hervorgehen.

In eurem Denken beschreibt ihr eure Vergangenheit ausgehend von eurer Gegenwart und eurer Zukunft. Da ihr in der dreidimensionalen Realität verkörperte Wesen seid, bringt diese Trennung von Vergangenheit, Gegenwart und Zukunft euch Überlebensvorteile. Um mit eurer dreidimensionalen Realität wirkungsvoll umgehen zu können, müsst ihr vergangene, gegenwärtige und zukünftige Ereignisse unterscheiden. Wenn ihr aber fruchtbar mit Arcturianern kommunizieren wollt, empfiehlt es sich, vergangene, gegenwärtige und zukünftige Möglichkeiten simultan zu betrachten.

Hier befinde ich mich nun in einem Dilemma. Arcturianische Kinder lernen, solche telepathischen Hologramme zu manipulieren, wobei es sich dabei aber um eine ihnen bereits angeborene Fähigkeit handelt. Es ist ein natürlicher Bestandteil ihres Potenzials. Als Kinder lernen sie, mittels telepathischer Holografie zu kommunizieren, ganz ähnlich wie menschliche Kinder die Sprache ihres Umfeldes lernen. Diese Sprache prägt sich in ihre Neurophysiologie ein. Sie wird zu einem Reflex. Das Gleiche gilt für arcturianische Kinder.

Wenn sie ihre formelle Ausbildung beginnen, wissen sie bereits, wie man mit Hilfe telepathischer Hologramme kommuniziert. Wir zeigen ihnen lediglich, wie sie diese Form der Kommunikation effektiver nutzen können. Sie sind bereits nichtlineare Wesen. Sie sind bereits fünfdimensionale Wesen, die außerhalb von Zeit und Raum leben.

Da ihr lineare Wesen seid und diese Realität eurer Neurophysiologie buchstäblich aufgeprägt wurde, erfolgt eure Zeitwahrnehmung automatisch und reflexhaft. Ihr habt darüber keine bewusste Kontrolle ... bis jetzt.

Um also dieses Training absolvieren zu können, bitte ich euch, drei verschiedene Erlebnisse in den Fokus eurer Aufmerksamkeit zu nehmen: etwas aus eurer persönlichen Vergangenheit, etwas aus eurer Gegenwart und etwas aus der Zukunft.

Phase eins

Beginnen wir mit dem gegenwärtigen Augenblick, weil er für euch am leichtesten zugänglich ist. Als ersten Schritt wollen wir Informationen registrieren, die euch momentan über eure fünf Sinne zugänglich sind. Schaut euch in dem Raum um, in dem ihr diese Worte lest. Schaut euch eure Umgebung gut an und registriert alles, was sich rechts von euch, vor euch und links von euch befindet sowie alles, was hinter euch, über euch und unter euch ist.

Ihr habt nun sechs Referenzregionen für visuelle Informationen. Was befindet sich links von euch? Was befindet sich rechts von euch? Was ist vor euch? Was ist hinter euch? Was ist über und was unter euch?

Nachdem ihr euch etwas Zeit genommen habt, all das bewusst wahrzunehmen und zu registrieren, schließt die Augen und erinnert euch an das, was ihr gesehen habt. Erinnert euch an das, was sich links von euch befindet – und je mehr Details ihr hinzufügt, desto wirkungsvoller wird dieses Training sein. Erinnert euch anschließend so detailreich wie möglich an alles, was sich rechts von euch befindet. Erinnert euch dann so detailreich wie möglich an alles, was sich vor euch befindet, und an alles, was sich hinter euch befindet. Ruft euch zu guter Letzt so detailreich wie möglich ins Gedächtnis, was sich über euch und was sich unter euch befindet.

Der nächste Schritt besteht darin, euch an alle sechs Regionen gleichzeitig zu erinnern: links, rechts, vor euch, hinter euch, über und unter euch. Wenn ihr die Aufgabe, euch an alle sechs visuellen Regionen zu erinnern, ausgeführt habt, werdet ihr spüren, dass euer Bewusstsein sich verändert. Ihr werdet euch aus dem linearen Denken einen Schritt in die Multidimensionalität hineinbewegen.

Im Hinblick auf euer Nervensystem erzeugt ihr, wenn ihr euch simultan an diese sechs Regionen erinnert, das, was eure Wissenschaftler einen Trancezustand nennen. Dieser Trancezustand des Bewusstseins wird durch eine multiple Fokussierung eurer Aufmerksamkeit erzeugt. Da es sich bei eurem Gehirn und eurem Bewusstsein um zwei Seiten derselben Münze handelt, seid ihr, wenn ihr eure Aufmerksamkeit auf etwas richtet, in der Lage, einer linearen Linie zu folgen. Die meisten Menschen können ihre Aufmerksamkeit auf zwei oder drei, manchmal auch vier Gebiete gleichzeitig fokussieren und dabei im linearen Modus bleiben. Doch wenn ihr euch auf sechs Dinge gleichzeitig konzentriert, bricht der lineare Wahrnehmungsreflex zusammen. Die meisten Menschen sind dann nicht länger in der Lage, die lineare Wahrnehmung beizubehalten. Dann macht ihr die Erfahrung, dass die

Dinge euch plötzlich anders erscheinen. Es stellt sich ein *fließendes Gefühl* ein, eure Wahrnehmung wird nahtloser.

Dieser simultane Input aus sechs verschiedenen visuellen Regionen (links, rechts, vor euch, hinter euch, über und unter euch) ist eine primitive Form holografischer Information.

Lasst mich euch nun einen Überblick über die einzelnen Schritte dieses Trainings geben. Nachdem ihr die visuelle Wahrnehmung der sechs Regionen gemeistert habt, werdet ihr euch dem Hörsinn zuwenden. Euer Hörvermögen ist von Natur aus sphärisch. Ihr seid in der Lage, Geräusche zu lokalisieren, ganz gleich, aus welcher Richtung sie kommen. Euer Gehirn/Bewusstsein lokalisiert die Geräusche im Raum. Ihr könnt Geräusche im Radius von 360 Grad hören und lokalisieren, also vor euch, hinter euch, links von euch, rechts von euch, über und unter euch und an jedem Punkt dazwischen.

Nachdem ihr diese simultane Erinnerung von Hörregionen gemeistert habt, werdet ihr sie mit eurer visuellen Erinnerung kombinieren, so dass ihr im Moment, wenn ihr die Augen öffnet und die sechs Regionen betrachtet, gleichzeitig auf alle Geräusche lauscht, die ihr in eurer Umgebung bemerkt, einschließlich jener Geräusche, die sich weit von euch entfernt befinden.

Nun wird es sehr interessant. Wenn ihr die Augen schließt und euch an die visuellen Regionen und an die Hörregionen gleichzeitig erinnert, werdet ihr erleben, was ich für unsere Zwecke eine *Supertrance* nenne. Wollt ihr es mathematisch ausdrücken, so könnt ihr sagen, dass es sich um eine »Trance hoch zwei« handelt.

Wenn ihr die sechs visuellen Regionen und die Hörregionen in eurer Erinnerung kombiniert, werdet ihr in einen tiefen Trancezustand gelangen. Ihr habt dann die lineare Wahrnehmung hinter euch gelassen. Euer Gehirn/Bewusstsein wird mit der Aufgabe überfordert sein, so viele Informationen gleichzeitig zu verfolgen.

Das ist, als ob der erlernte Reflex linearer Wahrnehmung die Hände hebt und aufgibt. Ihr tretet in einen veränderten Bewusstseinszustand ein, in dem ihr euch den Grundlagen der telepathischen Holografie annähert.

In Phase eins des Trainings geht es also darum, die Fähigkeit zu meistern, euch gleichzeitig an die sechs Regionen visueller Information zu erinnern wie beschrieben. Entscheidet selbst, wann ihr dieses Stadium der Meisterschaft erreicht habt. Ich empfehle euch, mit dieser Methode mehrfach in unterschiedlichen Umgebungen zu arbeiten. Das wird den Lernprozess beschleunigen.

Phase zwei

Phase zwei des Trainings besteht darin, dass ihr euch, wie ich es oben beschrieben habe, an die akustischen Informationen erinnert und dann diese Höreindrücke mit den visuellen Eindrücken kombiniert. Mit anderen Worten: Ihr nehmt einen Augenblick in eurer gegenwärtigen Zeit, schaut nach links, rechts, vor euch, hinter euch, über euch und unter euch, und während ihr das tut, werdet ihr euch gleichzeitig klar und deutlich der Geräusche in eurer Umgebung bewusst und lokalisiert diese Geräusche.

Nun kombiniert ihr eure visuellen Eindrücke und eure akustischen Eindrücke. Wenn ihr das tut, werdet ihr das erleben, was ich eine *Supertrance* nenne. Ich empfehle, dass ihr euch viel Zeit dafür nehmt, die Fähigkeit zu entwickeln, euch simultan an visuelle und akustische Informationen aus vielfältigen Perspektiven erinnern zu können.

Wenn ihr diese Fähigkeit beherrscht, seit ihr bereit für die nächste Phase des Trainings.

Phase drei

Nun werdet ihr eure körperlichen Empfindungen in diese multidimensionale Sinneserfahrung integrieren.

Ihr wählt einen Augenblick in der Gegenwart. Ihr schaut euch um und registriert, was sich links von euch befindet, was ihr dabei hört und wo ihr es lokalisieren könnt, dann ergänzt ihr dies um die Eindrücke, die ihr kinästhetisch wahrnehmt. Was empfindet ihr körperlich? Danach tut ihr das Gleiche, während ihr nach rechts schaut, und auf diese Weise geht ihr alle visuellen Richtungen durch und sammelt visuelle, akustische und kinästhetische Informationen, also solche, die ihr als körperliche Empfindungen erfahrt. Und dann erinnert ihr euch simultan an alle diese Sinneseindrücke.

Das ist das Grundlagentraining für die Wahrnehmung holografischer Informationen. Wenn ihr diese drei Fähigkeiten gemeistert habt, werdet ihr weitaus besser in der Lage sein, die Übermittlung arcturianischen Wissens zu empfangen.

Damit wir uns nicht missverstehen: Das, was ich gerade beschrieben habe, ist lediglich das Basisprogramm. Es liegt bei euch, wie oft und wie lange ihr mit diesen Übungen experimentiert. Je öfter ihr trainiert, desto besser werdet ihr telepathische holografische Übermittlungen empfangen können.

Nun möchte ich euch das Potenzial beschreiben – aber ihr müsst in jedem Fall zunächst die Grundlagen beherrschen, ehe euch der Sprung in das Potenzial möglich ist, das ich nun erörtern werde.

Es mag einige wenige Individuen geben, die sofort zum Niveau für Fortgeschrittene springen können, aber die meisten Menschen müssen zunächst die Fähigkeit zur nichtlinearen Wahrnehmung entwickeln.

Die fortgeschrittenen Trainingsstadien

Beherrscht ihr einmal die Fähigkeit, euch simultan an die oben beschriebenen visuellen, akustischen und kinästhetischen Informationen zu erinnern, könnt ihr mit den fortgeschrittenen Stadien experimentieren.

Die erste Phase besteht darin, dass ihr euch eine lebhafte Erinnerung aus eurer Vergangenheit vornehmt. Geht dann genauso vor wie mit den Sinneseindrücken aus der Gegenwart. Anders gesagt: Ihr erinnert euch an etwas aus eurer Vergangenheit und werdet euch bewusst, was sich in dieser Erinnerung visuell links, rechts und in den anderen Richtungen befindet, wobei euch das vielleicht nicht für alle Richtungen möglich ist. Ebenso kann es sein, dass ihr euch nicht an alle Geräusche erinnern könnt, die ihr während des Erlebnisses wahrgenommen habt. Das Gleiche gilt für die kinästhetischen Eindrücke.

Eine weitere interessante Anomalie der menschlichen Erinnerung besteht darin, dass ihr die Lücken ausfüllt. Der menschliche Geist ist sehr kreativ, und es ist durchaus möglich, dass ihr euch an Dinge erinnert, die nie stattgefunden haben. Ich sage das, damit ihr nicht die visuellen, akustischen und kinästhetischen Eindrücke aus eurer Vergangenheit als absolut authentisch betrachtet. Es kann sich um korrekte Erinnerungen handeln, aber das muss nicht so sein.

Der Zweck dieser Übungsphase besteht dabei nicht darin, Wahrheit von Irrtum zu unterscheiden, sondern mit der holografischen Natur der Erinnerung zu experimentieren.

Ich ermutige euch ausdrücklich, Erinnerungen an frühere Erlebnisse auf diese Weise mehrfach zu untersuchen. So werdet ihr das Fortgeschrittenenstadium erreichen und erkennen, wie die einzigartige Struktur eurer Sinneserfahrungen beschaffen ist und wie sie holografisch in eurem Geist gespeichert werden.

Die abschließende Phase des Trainings für Fortgeschrittene befasst sich mit zukünftigen Möglichkeiten. Eure Zukunft ist nicht in Stein gemeißelt, um eine eurer Redewendungen zu gebrauchen. Sie ist formbar, veränderbar, und sie wird erst im letzten Augenblick definitiv festgelegt, unmittelbar bevor sie von der Wahrscheinlichkeit zur Gewissheit wird. In jedem Moment des Übergangs von der Wahrscheinlichkeit zur Gewissheit könnt ihr euch, was die Resultate angeht, noch umentscheiden.

Für Trainingszwecke empfehle ich, etwas aus eurem momentanen Leben zu nehmen, das ihr als wünschenswerte wahrscheinliche Entwicklung betrachtet. Lasst es mich spezifischer erklären. Es spielt in dieser Phase keine Rolle, was ihr auswählt. Es kann profan oder von höherer Natur sein. Für das Training sind diese Unterscheidungen belanglos. Falls ihr arbeitslos seid, könnt ihr mit der zukünftigen Möglichkeit experimentieren, eine Arbeit zu finden. Wenn ihr einen Mikrotunnel für die Kommunikation mit einem Arcturianer öffnen möchtet, wählt dies als zukünftige Entwicklung. Und alles dazwischen kann ebenfalls ausgewählt werden.

Habt ihr für das Training etwas aus eurem Leben gewählt, das ihr in der Zukunft verwirklichen wollt, denkt über das, was ihr zukünftig erleben wollt, nach und geht in eurem Bewusstsein in diese Wahrscheinlichkeit hinein. Erlebt die verwirklichte Realität über die sechs Regionen eurer visuellen Wahrnehmung, so wie ihr es mit Gegenwart und Vergangenheit gemacht habt. Seht die Details der gewünschten Realität links, rechts, vor, hinter, über und unter euch. Natürlich erfindet ihr diese visuellen Eindrücke mit Hilfe eurer Imagination. Es handelt sich nicht um etwas, das wirklich stattfindet, und es ist auch keine Erinnerung. Fügt nun, genau wie ihr es bei der Gegenwart und der Vergangenheit getan habt, die akustischen Elemente hinzu und dann auch die kinästhetischen Elemente. So erzeugt ihr die multidimensionale Sinneserfahrung einer wahrscheinlichen, einer möglichen Zukunft.

An dieser Stelle würden nun die meisten Menschen aufhören. Aber wir Arcturianer gehen noch ein bisschen weiter. Wir tun das, weil wir uns für die Paradoxien des Widerstandes interessieren. Wenn ihr also, zu Trainingszwecken, denken möchtet wie ein Arcturianer, müsst ihr Folgendes tun – vergesst dabei nicht, dass dieser ganze mühsame Trainingsprozess dazu dient, euch den Empfang telepathischer Hologramme von Arcturianern zu ermöglichen, da das unsere eigentliche Sprache ist. Wählt mindestens zwei alternative zukünftige Entwicklungen aus. Höchstwahrscheinlich werdet ihr zunächst jene auswählen, von der ihr euch spontan wünscht, dass sie eintritt. Doch seid kühn in eurem Denken. Erwägt andere Möglichkeiten. Wählt zusätzlich zwei andere Resultate aus und erzeugt auch zu ihnen die entsprechenden visuellen, akustischen und kinästhetischen Eindrücke wie zuvor.

Ich schlage vor, dass ihr zu jedem Weg, der euch in den Sinn kommt, wie ihr ein gewünschtes Resultat verwirklichen könnt, noch zwei alternative Wege findet, die zum gleichen Ziel führen. Das wird euer Denken erweitern und euch viel kreativer machen. Lasst mich nun alle Puzzleteile zusammenfügen und euch einen Eindruck davon vermitteln, was ein arcturianisches telepathisches Hologramm ist.

Stellt euch vor, ihr fokussiert eure Aufmerksamkeit auf eine aktuelle Situation und nehmt alle visuellen, akustischen und kinästhetischen Informationen bezüglich dieser Situation simultan auf, und gleichzeitig erinnert ihr euch an alle früheren Ereignisse, die zu dieser Situation in Bezug stehen, und zwar an sämtliche visuellen, akustischen und kinästhetischen Eindrücke von diesen vergangenen Ereignissen. Und die aus diesen früheren und gegenwärtigen Ereignissen resultierenden möglichen zukünftigen Entwicklungen werden in der gleichen Weise erlebt und wahrgenommen – falls ihr euch das überhaupt vorstellen könnt. Ihr tretet dann in eine riesige Sphäre von vergangenen und gegenwärtigen Eindrücken und zukünftigen Möglichkeiten ein, die alle simultan erlebt werden.

Es erübrigt sich zu sagen, dass es hierbei kein Gefühl linearer Wahrnehmung gibt. Stattdessen würdet ihr Beziehungen zwischen Erfahrungskategorien wahrnehmen. Ihr würdet Zusammenhänge zwischen früheren Ereignissen und gegenwärtigen Situationen sehen. Ihr würdet die Beziehungen zwischen möglichen zukünftigen Entwicklungen wahrnehmen, die schleifenförmig mit der Vergangenheit gekoppelt sind. Und ihr würdet all das aus der Perspektive eines Bewusstseins betrachten, welches völlig außerhalb von Zeit und Raum existiert.

Metaphorisch ausgedrückt ist es so, als wären diese Hologramme – diese sphärischen Ansammlungen von Sinneseindrücken – wie Murmeln, die ihr in der Hand halten könnt. Und wenn ihr die Ereignisse eures Lebens von dieser – sich außerhalb der Zeit befindenden – Perspektive aus wahrnehmt, wird das Spiel von Wahrnehmung und Schöpfung viel interessanter.

Nun, ich habe euch hier eine sehr weit fortgeschrittene Stufe beschrieben. Wichtig ist, dass ihr zunächst die Grundlagen dafür schafft. Sobald ihr die erste Phase des Trainings bewältigt habt, werdet ihr die arcturianische telepathische Holografie verstehen. Und es handelt sich dabei einfach nur um eine Fähigkeit, die sich erlernen lässt wie eine Fremdsprache. Je mehr ihr übt, desto sicherer beherrscht ihr sie.

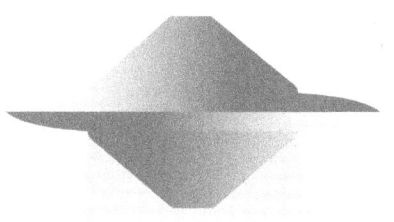

Esu

Arcturianischer Meditationsmeister
Teil 2

Ich möchte euch nun eine Meditationsmethode offenbaren, in der ich meine arcturianischen Brüder und Schwestern unterrichte. Es ist eine uralte Technik zur Verlagerung der bewussten Aufmerksamkeit. Da es zwischen eurem und unserem Chakrasystem einige Ähnlichkeiten gibt, funktioniert diese Methode auch bei euch Menschen.

Zunächst möchte ich das grundlegende philosophische Dilemma erläutern, dann werde ich euch die Methode vorstellen. So, wie ihr die Wirklichkeit gegenwärtig wahrnehmt, scheint die physikalische Welt auf eine konkrete Weise real zu sein. Ihr könnt die Dinge anfassen. Und es gibt zwischen den Objekten klar erkennbare Grenzen. Wenn ihr euch auf der Schwingungsskala des Bewusstseins aufwärts bewegt, werdet ihr die physikalische Welt ganz anders wahrnehmen. In diesen höherdimensionalen Zuständen erkennt ihr durch unmittelbare Wahrnehmung, dass die Physikalität eurer Welt eine Illusion ist. Wenn man die Objekte eurer Welt aus einem höherdimensionalen Bewusstseinszustand heraus wahrnimmt, gibt es mehr Raum zwischen ihnen. Das steht in Übereinstimmung mit den Erkenntnissen der Quantenphysik.

Tatsächlich macht die Materie, die euer Körper enthält, nur einen sehr kleinen Prozentsatz jenes Volumens aus, das ihr für euer *Körper-Selbst* haltet.

Jede Dimension hält für die Wesen, die in ihr leben, eine Illusion der Solidität bereit. Wir leben überwiegend in der fünften Dimension, aber einige besonders weit fortgeschrittene Arcturianer halten sich in höheren Dimensionen auf. Für uns ist die fünfte Dimension real. Wir können die Objekte in unserer Welt so klar und deutlich spüren und berühren, wie ihr eure Welt erlebt. Würdet ihr jedoch unsere Realität auf eurem gegenwärtigen Schwingungsniveau erleben, so erschiene sie euch flüchtig und substanzlos. Um die physikalischen Objekte in unserer Wirklichkeit als solide wahrnehmen zu können, müsstet ihr zunächst eure Schwingungsfrequenz auf unser Niveau anheben.

Ich werde euch nun eine uralte arcturianische Meditationstechnik vorstellen, durch die man sich anderer Dimensionen bewusst werden kann. Sie wird euch in die Lage versetzen, euch auf der Dimensionsskala auf und ab zu bewegen. Damit meine ich, dass ihr euer Bewusstsein, wenn ihr diese Meditationstechnik beherrscht, in jede gewünschte dimensionale Realität versetzen könnt. Euer physischer Körper verbleibt in eurem dreidimensionalen Kontinuum, aber euer Bewusstsein erlangt die Freiheit, in andere Dimensionen zu reisen.

Bevor ihr mit dieser Methode experimentiert, möchte ich euch aber über einige mögliche Effekte aufklären, die dabei eintreten.

Zuerst müsst ihr das Mysterium eures Atems im Zusammenhang mit höherdimensionalen Bewusstseinszuständen verstehen. Wenn ihr eure Aufmerksamkeit auf einen bestimmten Punkt fokussiert, wie es in der Meditation der Fall ist, ändert sich eure Gehirnwellenaktivität. Wenn ihr diesen mentalen Fokus für längere Zeit beibehaltet, wird euer Atem immer flacher werden, und es kann zu Phasen kommen, in denen die Atmung ganz aussetzt. Diese *Pause* im Atemzyklus ist ein Zeichen dafür, dass ihr einen sehr tiefen Bewusstseinszustand erreicht habt. In dieser Pause zwischen den Atemzügen könnt ihr in andere Dimensionen überwechseln.

Ihr könnt nicht erzwingen, dass eure Atmung sich auf diese Weise ändert. Ihr müsst einfach zulassen, dass dieser besondere Zyklus sich von selbst entwickelt. Meine kurze Erfahrung mit menschlichen Wesen hat mich gelehrt, dass die meisten von euch ungeduldig sind und dazu neigen, Resultate erzwingen zu wollen. Doch diese Veränderung eures Atems könnt ihr nicht herbeizwingen.

Bei dieser Meditationspraxis ist euer Atem wie ein Pony, und der Fokus eurer Aufmerksamkeit ist etwas, das dieses Pony faszinierend und sehr angenehm findet. Wenn ihr versucht, das Pony zu führen, wird es scheuen. Wenn ihr es aber seinem eigenen Kurs folgen lasst, wird es sich vom Gegenstand eurer Aufmerksamkeit angezogen fühlen. Dann wird euer Atem flacher und entspannter, und wenn ihr die Methode wirklich gemeistert habt, wird er sogar vorübergehend ganz aussetzen. Seid unbesorgt, wenn die Atmung aussetzt. Es bedeutet nicht, dass ihr sterben werdet. Es zeigt lediglich, dass ihr in einen tiefen Ruhezustand gelangt seid. Euer Bewusstsein ist dann von den Fesseln eurer Physikalität befreit und kann sich frei durch die Dimensionen bewegen.

Wenn euer Körper mehr Sauerstoff benötigt, werdet ihr spontan wieder Luft holen. Sobald dies geschieht, achtet darauf, dass eure Aufmerksamkeit auf den Punkt gerichtet bleibt, den ich noch näher beschreiben werde. Wenn ihr diese Meditation regelmäßig praktiziert, werdet ihr feststellen, dass diese Phasen der Ruhe länger und länger werden. In diesen tiefen Bewusstseinszuständen tritt bezüglich eures Atems ein bemerkenswertes Phänomen auf. Euer feinstofflicher Energiekörper empfängt einen Energiezustrom, der in den physischen Körper geleitet wird. Das ermöglicht es euch, mehrere Minuten in diesem Zustand der Ruhe zu bleiben. In der Meditationsmethode sehr weit Fortgeschrittene können sogar über mehrere Stunden in dieser tiefen Ruhe verweilen. Doch dieses weit fortgeschrittene Niveau lässt sich nicht erzwingen.

Ihr müsst zulassen, dass euer Atem sich von selbst zu diesem Stadium hin entwickelt.

Bevor ich euch die Methode erläutere, gilt es, einen weiteren wichtigen Aspekt zu berücksichtigen. Es geht um euren Schutz. Ihr müsst euch angemessen schützen, wenn ihr durch andere Bewusstseinsdimensionen reist. Was ihr in diesen anderen Dimensionen erlebt, hängt von eurem Schwingungszustand ab – damit ist die kollektive Schwingung eures Seins gemeint, wozu die höheren Aspekte eures Selbst ebenso zählen wie eure unentwickelten negativen Aspekte. Ihr habt es hier also mit einer ziemlich bunten Mischung zu tun, wie ihr sagen würdet.

Wenn ihr diese Meditation praktiziert, während ihr euch in einem niedrigen, konflikthaften emotionalen Zustand befindet, ist die Wahrscheinlichkeit ziemlich groß, dass ihr in der Dimension, die ihr erkundet, auf Wesen niedrigen Niveaus trefft. Darum ist es notwendig, euch zu schützen. Es ist eine Vorsichtsmaßnahme, bei der ihr euer Schwingungslevel justiert, ohne es zu ändern.

Bei dieser Methode wird Licht eingesetzt. Als arcturianischer Meditationsmeister finde ich es persönlich sehr interessant, dass die tibetischen Buddhisten auf eurem Planeten bezüglich der Natur der höchsten Schwingungsebenen des Lichts die gleiche Auffassung vertreten wie wir. Für uns und für sie ist *klares Licht* der höchste Schwingungszustand.

Mir ist bewusst, dass viele erfahrene Meditierende weißes Licht in unterschiedlichen Varianten und/oder Farbtönen einsetzen. Alle diese Lichtfrequenzen haben ihren Sinn und ihren Anwendungsbereich, doch das klare weiße Licht – was besagt, dass es farblos ist, weswegen es »klares Licht« genannt wird – ist der natürliche Schwingungsausdruck des höchsten Bewusstseins. Wenn ich diese arcturianische Meditationsmethode unterrichte, vergewissere ich mich stets, dass meine Schüler das *klare Licht* sicher beherrschen, bevor sie diese Meditation praktizieren.

Die Anwendung des klaren Lichts ist sehr einfach. Es gibt dafür zwei Techniken. Die eine besteht darin, das klare Licht unmittelbar wahrzunehmen. Bei der anderen stellt ihr euch vor, von einem klaren Diamanten umgeben zu sein. Diamanten sind in eurer Dimension die Edelsteine, die dem klaren Licht am nächsten kommen.

Den meisten von euch wird es leichterfallen, zu imaginieren, dass ihr euch innerhalb eines Diamanten befindet. Weiter fortgeschrittene Individuen, die bereits direkten Kontakt zu dem klaren Licht in ihnen hergestellt haben, können einfach in sich das Gefühl wachrufen, dass dieses Licht sie schützend umhüllt, wenn sie mit der Meditation beginnen.

Nakura

Wir nennen diese Form der Meditation *Nakura* (Na-kuu-rah). Setzt euch bequem so hin, dass ihr längere Zeit in dieser Position bleiben könnt. Wenn ihr diese Meditation oft praktiziert, wird die Dauer sich ausdehnen. Achtet also darauf, dass ihr wirklich bequem sitzt. Allgemein gesagt, sollte eure Wirbelsäule möglichst aufgerichtet sein. Wenn ihr euch hinlegt, ist die Wahrscheinlichkeit groß, dass ihr einschlaft. Zwar könnt ihr auch im Schlaf in andere Dimensionen reisen, aber es ist weniger wahrscheinlich, dass ihr euch hinterher daran erinnert.

Nachdem ihr eine für euch angenehme Sitzhaltung eingenommen habt, sorgt für den notwendigen Schutz, indem ihr entweder den Diamanten oder das klare Licht aktiviert. Haltet dann für einen Moment eure Hände über den Kopf und legt die Handflächen gegeneinander. Lenkt eure Aufmerksamkeit auf den höchsten Punkt – die Stelle, an der die Fingerspitzen eurer Hände sich berühren. Mit anderen Worten: Haltet eure Hände in Gebetshaltung über dem Kopf, um den richtigen Punkt zu lokalisieren, auf den ihr euch konzentrieren sollt. Nehmt dann die Hände wieder herunter und legt sie so ab, dass es sich angenehm und bequem anfühlt.

Indem ihr eure Aufmerksamkeit auf diesen Punkt oberhalb eures Kronenchakras lenkt, betretet ihr einen Kanal, durch den ihr in andere Dimensionen reisen könnt. Je vertrauter ihr mit diesen Übergangszuständen werdet, desto wohler und entspannter werdet ihr euch dabei fühlen. Wenn während der Meditation Kopfschmerzen oder Anspannung auftreten, ist das ein Zeichen, dass ihr euch zu angestrengt konzentriert.

Konzentriert euch nicht auf diesen Punkt oberhalb eures Kronenchakras; lasst einfach eure Aufmerksamkeit dort ruhen, wie eine Feder, die auf eurer Handfläche liegt. Zu Anfang, während der ersten Meditationen, empfehle ich euch eine Dauer von fünf Minuten. Wenn ihr es angenehm empfindet, fünf Minuten lang diesen Punkt über dem Kronenchakra zu fokussieren, könnt ihr die Meditationszeit ganz nach Wunsch ausdehnen.

Wir nennen diesen Punkt über eurem Kronenchakra *Kura*, was in etwa *Tor zur Ewigkeit* bedeutet. Das Wort *Na* bedeutet Meditation, und demnach heißt Nakura: »Meditation am Tor zur Ewigkeit«.

Nach der Nakura ist es sehr wichtig, dass ihr euch wieder auf euer körperliches Nervensystem orientiert. Selbst wir Arcturianer müssen uns wieder in unserer Dimension orientieren, nachdem wir mit Hilfe der Nakura andere Dimensionen erkundet haben. Das ist besonders wichtig, wenn ihr einen Dimensionssprung vollzogen und eine andere Dimension besonders lebhaft und intensiv erfahren habt. Euer Nervensystem braucht Zeit, um sich nach solchen Kontakten wieder in eurer physischen Realität zu orientieren. Gönnt euch diese Zeit für die Reorientierung. Wenn nicht, können Kopfschmerzen, Schmerzen in anderen Teilen des Körpers oder Verwirrtheitsgefühle auftreten. Das lässt sich auf diese Weise vermeiden.

Die Methode, die ich empfehle, um sich wieder in der eigenen dimensionalen Realität zu orientieren, nutzt den Atem und die fünf Sinne. Wenn ihr die Meditation beenden wollt, verlagert eure Aufmerksamkeit vom Kura über eurem Kopf zu eurem Atem. Beobachtet ihn einfach für einen Moment, ohne ihn zu verändern. Werdet euch dann eurer körperlichen Empfindungen bewusst. Eure Augen sind noch geschlossen. Bewegt eure Finger und Zehen. Nehmt die Geräusche in eurer Umgebung wahr. Achtet darauf, ob ihr bestimmte Gerüche wahrnehmt oder einen Geschmack im Mund spürt. Massiert dann eure Arme. Für Menschen ist es hilfreich, auch die Ohrläppchen zu massieren, da viele Meridiane eures feinstofflichen Körpers durch eure Ohrläppchen verlaufen. Öffnet erst nach dieser Selbstmassage die Augen.

Wenn ihr euch in einer sehr tiefen Trance befunden habt, kann es sein, dass ihr euch noch immer etwas desorientiert fühlt. In diesem Fall empfehle ich, dass ihr mit den Daumen eure Fußsohlen massiert. Massiert erst die Stelle im Zentrum eurer Fußsohlen und dann alle Zehen. Reibt anschließend wieder eure Ohrläppchen, und massiert danach kräftig eure Arme. Wenn ihr das ein paar Minuten lang ausgeführt habt, solltet ihr wieder ausreichend mit der physischen Realität eurer Dimension verbunden sein.

Es kann manchmal vorkommen, dass ihr euch nach der Nakura-Meditation erschöpft fühlt. In diesem Fall ist es hilfreich, wenn ihr euch eine Weile hinlegt und ruht, möglichst sogar ein wenig schlaft. Die Nakura ist eine arcturianische Kostbarkeit, die in unserer Zivilisation seit Millionen von Jahren überliefert wird.

Es ist mir eine persönliche Freude und eine Ehre, diese Methode zur Reise in andere Bewusstseinsdimensionen an die Menschheit weiterzugeben. Mögt ihr davon weise Gebrauch machen und die Schätze, die ihr in anderen Reichen des Bewusstseins entdeckt, segensreich in euer Leben und eure zwischenmenschlichen Beziehungen einbringen.

Ihr lebt in einem weitaus größeren, komplexeren,
geheimnisvolleren und seltsameren Universum,
als ihr euch jemals vorstellen könntet.

EKTARA

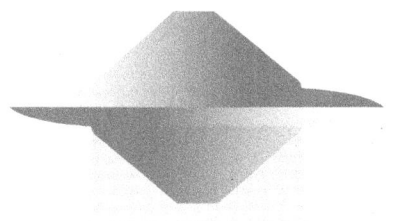

Frephios

Ein arcturianischer Krieger

Ich bin Frephios. Und ich war anwesend, als die Hathoren dieses Universum durch das Portal vom Sirius betraten. Ich habe eine lange Vorgeschichte mit diesen geheimnisvollen Wesen aus Licht.

Als arcturianischer Krieger gehe ich ganz anders an Situationen heran als die Hathoren. Und doch beauftragte man mich unter Führung von Sanat Kumara mit ihrem Schutz, als sie in dieses Universum kamen.

Unser Universum ist ganz anders als ihres, und es hat eine Zeit gedauert, womit ich Millionen von Jahren meine, bis sie sich an die dualistische Natur dieses Universums gewöhnt haben ... zumindest ansatzweise.

Ich bin der Arcturianer, der dieses Channelmedium auf der Anhöhe über Labadous kontaktiert hat. Der, der ihm dabei half, das Klangstück zu erschaffen, das er *Lightship* nannte, also »Lichtschiff«.[23] Es ist eine akustische Annäherung an die wirbelnden Klänge, die die Maschinen unserer Fahrzeuge erzeugen. Für

---

[23] Diese auch hierzulande erschienene CD, auf der Tom Kenyon die Klänge des in Südfrankreich wahrgenommenen Lichtschiffs nachbildete, war (abgesehen von Maria Magdalena) sein erstes Channeling der Arcturianer und ist perfekt für Meditation und Heilsitzungen geeignet. Auf www.AmraVerlag.de finden Sie Hörproben dieser einzigartigen Aufnahme. – *Die Red.*

Menschen kann dieser Klang eine beachtliche transformierende Wirkung haben.

Ich bin auch der Arcturianer, der dieses Channelmedium auf unser Schiff eskortierte, das auf dem Pic de Bugarach stationiert war. Ich bin der Arcturianer, der auf der Anhöhe über Labadous die Wolken teilte, damit die Sonne deutlich sichtbar wurde. Doch das Channelmedium war Skeptiker und hielt so etwas für unmöglich, und deswegen leugnete er, was er mit eigenen Augen sah, und redete sich in einer Art von intellektuellem inneren Kampf ein, dass noch ein leichter Nebel zwischen ihm und der Sonne läge. So ist das Paradoxon der menschlichen Natur beschaffen.

Bei meinen Begegnungen mit diesem Channelmedium habe ich einen Mikrotunnel für die Kommunikation aktiviert, den manche auch Mikrowurmloch nennen würden. Dabei handelt es sich um ein Mittel zur Kommunikation mit Wesen in anderen Dimensionen als unserer.

Auch jetzt nutze ich diesen Mikrotunnel, um diese Informationen zu verbreiten. Alle Arcturianer nutzen diese Methode, um mit Wesen in anderen Dimensionen zu kommunizieren.

Der Wissenschaftsoffizier Ektara erwähnte bereits die duale Strategie, die wir genutzt haben, um euren Planeten vor weiteren ruchlosen Manipulationen zu schützen.

Er sagte: »Komme was wolle – dies ist die arcturianische Strategie.«

Ich stimme in dieser Meinung überein. Es liegt in der Natur jeder Handlung in diesem Universum, dass Gegenkräfte aufkommen. Entsprechend besteht unsere Strategie darin, euch auf eine Weise zu helfen, die auf weniger direkte Weise Gegenkräfte erzeugt, als wenn wir in eurer Dimension der Realität direkte Handlungen ausführen würden.

Wie Ektara erwähnt, besteht unsere Strategie einerseits darin, in diesem Sektor eures Sonnensystems zu patrouillieren, um negative, hinterlistige intergalaktische Reisende davon abzuhalten, euren Planeten weiter zu infizieren.

Die andere Hälfte unserer Strategie besteht darin, zusätzliche Mikrotunnel für die Kommunikation zu öffnen. Dass wir diese Information nun verbreiten, könnt ihr als Verkündung unserer Absicht verstehen. Wir werden noch viele weitere empfängliche Menschen kontaktieren, um ihnen die Augen für den Kosmos und ihr höheres Potenzial zu öffnen.

Ich möchte meine Aufmerksamkeit auf diese arcturianische Verbindung mit der Menschheit und einige meiner Beobachtungen richten, die ich über die menschliche Natur und die Hinderungsgründe für eine Erweiterung eurer Perspektive gemacht habe.

Nehmen wir als Beispiel dieses Channelmedium. Nicht, dass er wichtiger wäre als andere! Aber sein innerer Widerstand gegen die Mikrotunnel zur Kommunikation ist typisch für menschliche Reaktionen. Wenn ihr mit uns kommunizieren oder offen für Kommunikation mit uns sein wollt, müsst ihr einen Weg finden, außerhalb der Schublade zu denken, auf die man euch konditioniert hat.

Diese Schublade ist eine ererbte Sicht auf die Realität. Sie dient dazu, euch zu beschränken, und ihr müsst einen – euren eigenen – Weg finden, um ihr zu entkommen.

Öffnet ein Arcturianer einen Mikrotunnel für die Kommunikation, erhält er in den meisten Fällen Zugang zur Zirbeldrüse des menschlichen Energiefelds. Die kristalline Struktur der Zirbeldrüse ist höchst dienlich für das Empfangen feinstofflicher Eindrücke aus höheren Bewusstseinsdimensionen. Wenn ihr beschließt, das Tor zur Kommunikation mit einem Arcturianer zu öffnen, solltet ihr euer Gewahrsein also auf eure Kopfmitte richten.

Je nachdem, wie empfänglich ihr seid, spürt ihr eventuell, dass sich in dieser Körperregion energetisch etwas tut. Ganz gleich, ob ihr dieses Gefühl habt oder nicht – ihr solltet euren Fokus teilweise dorthin richten.

Dies hilft euch dabei, euren Fokus zu stabilisieren, was euch wiederum hilft, nicht in Gedanken über die Eindrücke, die ihr erhaltet, abzudriften und diese zu analysieren. Nachdem ihr die

Informationen erhalten habt, solltet ihr sie analysieren und durchdenken. Der einzig wichtige Schiedsrichter darüber, was ihr für wahr haltet und was nicht, seid nämlich ihr selbst. Und es obliegt einzig und allein eurer Verantwortung, dies zu tun.

Da zwischen uns Arcturianern und den Menschen noch viele Mikrotunnel eröffnet werden, möchte ich einige Fallgruben aufzeigen, die entstehen können. Denn abgesehen von eurem persönlichen Glaubenssystem, das ein großes Hindernis für die Mitteilungen anderer Wesen sein kann, die sich außerhalb des Einflussbereichs der Schwerkraftquelle eurer Erde befinden, gibt es einige weitere potenzielle Herausforderungen.

Aber lasst uns zunächst kurz näher auf eure persönlichen Glaubenssysteme eingehen. Während ihr Mitteilungen von uns erhaltet, solltet ihr eure Zweifel möglichst für eine Weile außen vor lassen. Erzeugt einen geistigen Raum in euch, der die Möglichkeit einer solchen Mitteilung zulässt. Die Möglichkeit einer Interaktion mit uns *zuzulassen*, hilft euch dabei, einen neutralen geistigen Raum zu betreten. Dort könnt ihr neue Informationen und neue Perspektiven über das Wesen der Realität abspeichern. Das klingt zwar so einfach, als wäre es eine Selbstverständlichkeit, sollte aber bewusst erfolgen. Es wird euch eine große Hilfe sein.

Eine weitere Herausforderung, vor der Menschen bei der Öffnung von Mikrotunneln für die Kommunikation stehen, hängt mit der Genauigkeit der Informationen und der Realität des Wesens zusammen, das die Informationen verbreitet. Es ist sehr wichtig, dass ihr diesen Aspekt stets bedenkt.

Lasst mich meine Kommentare mit den folgenden Worten einleiten: Wie die Hathoren auch betrachten wir euren Willen als einen souveränen Bereich. Wie meine Mitarcturianer bereits gesagt haben, besteht unsere Mission darin, Leben, Intelligenz und Freiheit zu schützen. Doch diese Mission müssen wir durch einen Zusatz einschränken: Intelligenz, die es wert ist, beschützt zu werden, und Freiheit, solange sie sich nicht negativ auf andere Wesen auswirkt.

Deswegen würden wir euch, genau wie die Hathoren, niemals sagen, was ihr tun müsst. Das liegt nicht in unserer Natur. Es wäre eine Verletzung unseres Willens, wenn wir versuchen würden, euren zu manipulieren. Dies ist nicht nur ein kultureller Wert der Arcturianer – es ist eingewoben in die Lichtfasern unseres Körpers und unseres Verstandes.

Doch hier stehen wir vor einer technischen Schwierigkeit. Der Mikrotunnel für die Kommunikation, der zwischen einem Arcturianer und einem Menschen aufgebaut wird, unterliegt zahlreichen Problemen. Alle Kommunikationsformen sind nämlich Störungen unterworfen. Nehmt als Beispiel eure Handys. Ihr fahrt eine Straße entlang und habt den besten Empfang, doch dann befindet ihr euch plötzlich in einer Zone, in der ihr jedes zweite Wort nicht mehr verstehen könnt, oder ihr hört das Knistern der Statik, oder das Gespräch wird komplett unterbrochen.

Diese Art von Problemen hängt mit der Signalstärke in Relation zum Aufenthaltsort des Empfängers und der Stärke des Empfängers selbst zusammen. Aufgrund von Differenzen in der Energetik sind manche Menschen besonders talentiert darin, Mikrotunnel zu empfangen und aufrechtzuerhalten. Anderen Menschen dagegen fällt beides sehr schwer.

Wenn wir versuchen, mit einem Individuum zu kommunizieren, heißt das also noch lange nicht, dass die gesendete Nachricht auch empfangen wird. Im Informationsfluss kann es zu vielen Störungen kommen. Es gibt zwei besonders wichtige Faktoren, mit denen ihr das Funktionieren der Mikrotunnel unterstützen könnt: euren Geist für die *Möglichkeit* zu öffnen und euren geistigen Fokus auf die Region der *Zirbeldrüse* zu richten.

Vorhin habe ich erwähnt, dass die Hathoren und wir euren Willen beide als souveränen Bereich betrachten und in unserer Kommunikation mit euch nicht in eure persönlichen Entscheidungen eingreifen.

Doch ihr müsst verstehen, dass ihr nur dann klare Informationen erhalten könnt, wenn euer Bewusstsein – man könnte auch sagen, euer Energiefeld – dieselbe Schwingungsrate aufweist wie die Kommunikation selbst. So wird der Tunnel *fest eingestellt*, also stabilisiert, und Interferenzen werden stark reduziert.

Passt euer Bewusstsein oder Energiekörper nicht zur Schwingungsrate der Kommunikation, können andere Wesen diese Kommunikation kontaminieren.

Deswegen beharre ich so sehr auf dem Punkt, dass die Hathoren und wir euren freien Willen respektieren.

Wir sagen euch nicht, was ihr tun müsst, und wenn euch in euren Unterhaltungen mit Arcturianern befohlen wird, etwas gegen euren Willen zu tun, dann habt ihr es in Wahrheit nicht mit einem Arcturianer zu tun und solltet diesen Kommunikationskanal unbedingt schließen.

Nun würde ich gerne über meine ersten Worte an das Channelmedium auf der Anhöhe über Labadous sprechen.

Meine Worte verärgerten ihn sehr. Doch es ist eine unangenehme Tatsache, dass die Wahrheit manchmal lästig sein kann, und in seinem Fall interpretierte er meine Worte falsch. Er fasste sie, wie er sagte, als eine Art »kosmischen Hokuspokus« auf. Doch meine Worte waren zutreffend nicht nur für ihn, sondern mehr noch für das größere Kollektiv der Menschheit.

»Der Wind dreht sich für euch, und vor dieser Wahrheit gibt es kein Entkommen.«

Wie alle arcturianischen Mitteilungen bezog sich auch diese einfache Aussage auf eine multidimensionale Realität. Wärt ihr Arcturianer, könnte ich euch das, was ich jetzt sagen werde, in ganz kurzer Zeit mitteilen. Durch die Nutzung von telepathischer Holografie könnte ich die gesamte Geschichte eurer Spezies, die gegenwärtigen Umstände, mit denen ihr konfrontiert seid, und die zukünftigen Möglichkeiten in euren Verstand übertragen. All das könnte gleichzeitig kommuniziert werden, doch in dieser Unterhaltung hier bin ich darauf beschränkt, Worte zu nutzen, die durch Syntax und die primitiven Markierungen, die ihr Interpunktion nennt, miteinander verknüpft sind. Ohne Interpunktion würde es sogar noch schwierig werden, die Bedeutung zu bestimmen.

Aus meiner Sicht ähnelt die Interpunktion den Schwingungsgrenzen in unseren telepathischen Hologrammen. Sie ähneln euren Straßenschildern. Sie schenken euch wichtige Informationen darüber, was hinter euch liegt und was als Nächstes kommt.

Ich konnte die Evolution der Menschheit beobachten und bin fasziniert von der Geschichte der Sprachen auf eurer Welt und wie sie Informationen mit angemessener (oder mangelnder) Genauigkeit darstellen können.

Die Realität des menschlichen Bewusstseins besagt, dass Sprache die Realität filtert und bestimmt, was ihr für möglich und unmöglich haltet. Sprecht ihr eine indoeuropäische Sprache, dann verfügt ihr über Vergangenheits-, Gegenwarts- und Zukunftsformen. Entsprechend eurer Nutzung dieser Zeiten – dieser Zeitzonen – ist etwas Teil der Vergangenheit, Gegenwart oder Zukunft. Es kann definitiv nicht alles zugleich sein – doch genau so sehen wir Arcturianer es.

Das ist darauf zurückzuführen, dass wir eine andere Perspektive einnehmen als ihr. Wir leben in der fünften und höheren Dimensionen, je nach unserem Evolutionsstand, und deswegen stehen wir außerhalb der Zeit. Für uns finden alle Ereignisse eurer Vergangenheit, Gegenwart und Zukunft gleichzeitig statt. Mir ist bewusst, dass diese Vorstellung für jemanden, der in der linearen Zeit lebt, sehr schwer zu fassen ist. Es fällt euch nicht leicht, die Möglichkeit in Betracht zu ziehen, dass es einen anderen Blickwinkel darauf geben könnte.

Als ich also zu diesem Channelmedium sagte: »Der Wind dreht sich für euch«, machte ich mich damit an die mühsame Aufgabe zu versuchen, ein telepathisches Hologramm durch die primitive Sprache zu übermitteln, die ihr Englisch nennt.

Aufgrund seiner persönlichen Probleme mit erweiterten Perspektiven in Bezug auf außerirdische Intelligenzen wurde er schon nach den ersten paar Worten störrisch, und ich konnte die Nachricht nicht vollständig übermitteln.

Menschen!

Mit »der Wind dreht sich für euch« meinte ich sowohl die tatsächliche als auch die übertragene Ebene. In dem Augenblick, als ich mit diesem Channelmedium kommunizierte, kam nämlich ein physischer Wind auf. Ich fand das ziemlich amüsant, da es sich nicht um die Art von »Wind« handelte, die ich gemeint hatte, doch im Englischen waren die Wörter identisch. Ich sprach eigentlich von *Sonnenwinden*.[24]

Durch eine Zunahme der Sonnenwinde wird die Menschheit direkt vor euren Augen aktiviert und verändert. Der andere Aspekt, der in dieser Kommunikation Probleme bereitete, war das englische Wort für »euch«: »you«. Auch hier behinderten mich wieder die Begrenzungen einer primitiven Sprache, und ich konnte die gesamte Bedeutung und Erhabenheit des telepathischen Hologramms nicht vermitteln.

Das Wort »you« meint nämlich sowohl »du« als auch »ihr« – es bezieht sich gleichermaßen auf die Einzelperson wie auf das Kollektiv. Holografisch kommunizierte ich jedoch mit beiden gleichzeitig. Das liegt daran, dass die Einzelperson das Kollektiv sät und das Kollektiv die Einzelperson. Damit will ich sagen, dass ein einzelner Mensch die Menschheit auf Weisen beeinflusst, die ihr vielleicht nicht klar erkennen könnt. Aber der Einfluss existiert, ganz gleich, ob ihr ihn wahrnehmt oder nicht. Und gleichzeitig beeinflusst das Kollektiv ganz offensichtlich das Individuum. Als ich also sagte: »Der Wind dreht sich für euch« meinte ich, dass die Veränderungen, die durch die Sonnenwinde ausgelöst werden, sowohl das Channelmedium als auch die gesamte Menschheit beeinflussen.

Aus unserer Sicht enthaltet ihr als Einzelmenschen die potenzielle Zukunft eurer gesamten Spezies. Die Realität von Ver-

---

24 Einem deutschen Medium, Marlies Pante, haben die Hathoren sogar ein ganzes Buch über die Sonnenwinde und den Polsprung übermittelt: *Der Himmel auf Erden*. Tom Kenyon channelte dieses Thema in seinem Buch *Lichtmedizin*. Auf www.AmraVerlag.de finden Sie ausführliche Leseproben. – *Die Red.*

gangenheit, Gegenwart und Zukunft ist immer gleichzeitig in euch vorhanden. Deswegen beeinflusst ihr durch eine größere Veränderung eurer persönlichen Realität – also eures Blickwinkels auf die Welt und der Art und Weise, wie ihr in ihr lebt – das Kollektiv.

Wenn genügend einzelne Menschen ihren Blickwinkel auf die Welt und ihre Lebensweise verändern, kommt es zu einer Bewusstseinsrevolution, und diese ist wiederum eine zukünftige Wahrscheinlichkeit, die gleichzeitig mit eurer aktuellen Gegenwart existiert. Könntet ihr eure intellektuelle Perspektive nur ein klein Bisschen vorwärts richten, würdet ihr voller Freude in eure Zukunft taumeln, und mit Freude meine ich die Heiterkeit, die es mit sich bringt, ein größeres Freiheitsgefühl zu erlangen – die Freiheit, neue Realitäten zu erzeugen.

Als Individuen und als kollektive Menschheit befindet ihr euch inmitten einer zeitlichen Beschleunigung, und die Veränderungen in eurer globalen Gesellschaft vollziehen sich immer schneller. Ihr befindet euch am Gipfelpunkt außergewöhnlicher Technologien, die das Leben auf eurem Planeten verbessern oder dezimieren können.

Dies ist gleichzeitig eine großartige evolutionäre Möglichkeit und eine immense Herausforderung. Durch die Nutzung weiterer Mikrotunnel für die Kommunikations mit einer größeren Anzahl von Individuen hoffen wir, euch inspirieren zu können, indem wir euch dazu ermutigen, den Kosmos und den Platz der Menschheit darin aus einer höheren Perspektive zu betrachten.

Eines der Merkmale einer intelligenten und freien Gesellschaft ist freier Informationsfluss. Dies ist eines der Markenzeichen der arcturianischen Zivilisation und ein Standard, an dem wir alles messen. Durch die Entwicklung der Telekommunikation hat das Internet diesem Zweck bei euch große Dienste geleistet. Natürlich ist es eine Mischung aus wertvollen Informationen und Müll. Wie immer ist es allein eure Aufgabe, Wahres und Unwahres, Müll und Wertloses voneinander zu unterscheiden. Ihr als Einzelpersonen seid die einzige Instanz, die in diesen Fragen Verantwortung für euch übernehmen kann.

Die Mächte, die die alte Welt kontrolliert haben und sich nun an die neue Welt anpassen, nutzen die Hilfe der Technologie und werden es auch weiterhin tun.

Das Verbreiten von Fehlinformationen und die Zurückhaltung von Informationen, die ihren Zwecken nicht dienlich sind, hat eine lange Geschichte, die bis zu den Anfängen der menschlichen Zivilisation zurückreicht. Die Mächtigen erhielten ihre Macht sehr häufig zu ihrem eigenen Vorteil. Selten hat eine kulturelle Macht ihren Einfluss genutzt, um der Gesellschaft zu helfen. Doch genau das betrachten wir Arcturianer als eine Notwendigkeit für intelligentes Regieren.

Aus unserer Perspektive befindet ihr euch mitten in einem evolutionären Paradoxon.

Werden sich eure Technologien zu einer lebensbejahenden Kraft weiterentwickeln? Oder werden sie zu Werkzeugen für die Machthaber hinter den Kulissen, die das Weltgeschehen zu ihren eigenen Gunsten beeinflussen? Wie bereits dargestellt wurde, besteht unsere Strategie – komme was wolle – darin, weitere Mikrotunnel für die Kommunikation mit einzelnen Menschen zu öffnen. Wir tun dies in der Hoffnung, dass diese Menschen zu einer großartigen Vision neuer Möglichkeiten inspiriert werden.

Am Anfang dieser Diskussion verriet ich, dass ich der Arcturianer bin, dem dieses Channelmedium auf der Anhöhe über Labadous und während der Erzeugung der *Lightship*-Klangmuster begegnet ist, und derjenige, der ihn auf dem Pic de Bugarach auf das Gefährt begleitete.

Ich möchte meine Ausführungen mit einigen Beobachtungen über seinen ersten Ausflug auf das Schiff abschließen. Für die Crew war dieses Ereignis ein wichtiges Thema, und seine Begegnung mit dem Navigator war für uns alle amüsant. Tatsächlich sah der Navigator aus Sicht des Channelmediums sehr seltsam aus.

Dieser Außerirdische, den ihr vermutlich als *Austausch-Crewmitglied* bezeichnen würdet, gehört einer euch unbekannten außerirdischen Rasse an. Sie nennen sich Ahktul. Sie sind einzigartige Individuen und ein einzigartiges Kollektiv. Meist sind sie um die drei Meter groß, haben in der Stirnmitte ein einzelnes Auge, und einer ihrer Arme erinnert an eine Hummerschere – jedenfalls interpretierte das Channelmedium seine visuellen Eindrücke so.

Die Ahktul legen großen Wert auf ihr Äußeres und werden häufig etwas aggressiv gegenüber anderen, die es nicht ebenso zu schätzen wissen. Als dieser Ahktul auf das Channelmedium zukam und ihn herausforderte, reagierte dieser einfallsreich und angemessen. Beide fanden das Aussehen des jeweils anderen merkwürdig. Und dennoch war der Navigator da, als wir das Channelmedium auf die Brücke begleiteten. Er war ziemlich entspannt und erkannte die Komik der Situation.

Euer Universum ist voller außerirdischer Intelligenzen, von denen einige an Menschen erinnern. Doch viele tun es nicht, und ihr könntet sie euch wohl beim besten Willen nicht vorstellen, da sie so vollkommen fremdartig und ungewohnt aussehen. Doch ihr solltet einen Außerirdischen nicht anhand seines Aussehens beurteilen.

Ihr müsst unter die Oberfläche blicken und den Charakter entdecken, die Qualität des Individuums und die kulturellen Werte seiner Zivilisation, selbst wenn sie vielleicht ganz anders sind als eure.

Wo wir gerade beim Thema visuelle Eindrücke sind, möchte ich noch etwas dazu sagen, wie wir Arcturianer im Allgemeinen aussehen. Unsere Züge sind recht menschenähnlich. Wir haben zwei Augen, einen Mund, eine Nase, zwei Ohren, zwei Arme mit Händen und Daumen und zwei Beine, genau wie ihr. Doch unsere Köpfe wirken eher quadratisch, und in manchen Energiezuständen erinnern unsere Gesichter an die von Pferden.

Tatsächlich verändert sich unser Aussehen entsprechend der energetischen Zustände des jeweiligen Arcturianers und des Individuums, das ihn wahrnimmt. Es ist eine Mischung aus beidem.

Da wir in einer fünftdimensionalen oder höheren Realität existieren und eure Gehirnmuster aus der dritten Dimension stammen, wird unser Anblick von den meisten Menschen stark durch ihre Erwartungen gefiltert. Dies gilt für die meisten Begegnungen zwischen Wesen aus verschiedenen Dimensionen.

Zum Abschluss möchte ich noch einmal betonen, dass ihr zum intergalaktischen Adel zählt. Ihr teilt eure DNS mit einer Myriade intergalaktischer Zivilisationen. Und ihr befindet euch im Augenblick sozusagen auf der Überholspur zu eurem höheren evolutionären Potenzial.

Ihr lebt in der Gegenwart, löst euch ab von der Vergangenheit und erzeugt eine wundervolle Zukunft – wenn ihr euch dafür entscheidet. Wenn ihr euch nicht für eine höhere Schwingungsfrequenz eures Potenzials entscheidet, wird eure Vergangenheit euer Fluch sein und eure Zukunft nicht lebenswert.

Derartige Herausforderungen schrecken einen Arcturianer nicht ab. Sie inspirieren uns dazu, über uns hinauszuwachsen.

In eurer menschlichen Natur liegt der Same zu wahrer Großartigkeit. Ich möchte euch mein vollständiges telepathisches Hologramm übermitteln, die wahrscheinliche Zukunft für die Menschheit, die ich für wahr halte.

Eure Zukunft wird lebenswert sein und ein Schicksal bereithalten, das im ganzen Kosmos verkündet und bejubelt wird.

Sanat Kumara

Sternenschiffkommandant
Teil 2

A lle Zivilisationen müssen sich an die sich wandelnden Bedingungen ihrer Realität anpassen, wenn sie überleben wollen.
Meine Mitarcturianer haben euch von ihrer Perspektive auf das große Mysterium erzählt. Es als *Realität* zu bezeichnen, heißt, es zu reduzieren – denn alle Realitäten sind stets relativ zum Wahrnehmenden.

Der Begriff *Großes Mysterium* dagegen soll alle Realitäten gleichzeitig beschreiben.

Was für eine interessante Perspektive, alle Blickwinkel gleichzeitig in Betracht zu ziehen, auch jene, die widersprüchlich sind, aber eine ähnlich starke Grundlage haben. Dies ist eine Geistesübung, die ich regelmäßig anwende. Sie hat es mir ermöglicht, neue Möglichkeiten wahrzunehmen, für die ich aufgrund meiner Vorurteile und Begrenzungen normalerweise blind wäre.

Die Aufgabe, alle Realitäten gleichzeitig zu umfassen, ist natürlich unmöglich zu erfüllen, doch wir Arcturianer mögen Herausforderungen, und diese spezielle Herausforderung fand ich besonders hilfreich für die Erweiterung meines Blickwinkels. Ich möchte euch einladen, sie ebenfalls in Angriff zu nehmen.

Zu Beginn dieses Abschnitts sagte ich, dass sich alle Zivilisationen an die sich wandelnden Bedingungen anpassen müssen, wenn sie überleben wollen. Für uns Arcturianer stellt das Dilemma zwischen der »Mission« und dem »Herzen«, womit ich unsere tiefsten Gefühle meine, im Augenblick die große Zwickmühle unserer Zivilisation dar. Und obwohl es nicht so *scheint*, als würde sie unser Überleben bedrohen, behaupte ich, dass sie es dennoch tut. Und das ist es auch, was ich dem Großen Arcturianischen Rat mitgeteilt habe.

Wie sich dies in unserer Zivilisation weiter gestalten wird, bleibt abzuwarten. Aber ich stimme meiner geliebten Freundin Magdalena zu, die davon ausgeht, dass die Lösung intelligent und höchst kreativ sein wird. Ich erwarte nichts Geringeres von meinen Mitarcturianern.

An das Kollektiv

Eure Zivilisation steht in mancher Hinsicht vor einem ähnlichen Dilemma, doch möchte ich meine Aufmerksamkeit hier auf ein Dilemma eurer globalen Zivilisation richten, das ganz faktisch euer Überleben bedroht. Es hängt mit dem Verfall eures Ökosystems zusammen. Die drastische Abnahme des Sauerstoffgehalts, die Ausrottung eurer Regenwälder, die Verschmutzung eurer Ozeane und eurer Luft – was auch immer in politischer oder sozialer Hinsicht geschehen mag, ihr verdammt die kommenden Generationen zu einer trostlosen Zukunft.

Ihr befindet euch in eurer planetaren Evolution in einer besonders kritischen Phase des Übergangs. Ihr habt Kulturen und Gesellschaften fragmentiert, zwischen denen gewaltige Unterschiede bestehen und die häufig ein Fluch für sich selbst und für andere sind. Die alte Weltmacht, die auf der Ausbeutung fossiler Brennstoffe und Kriegen gründete, aufrechterhalten von euren geheimen Bankiers und religiösen Führern, vergiftet nach wie vor nicht nur die emotionale Umwelt auf eurem Planeten, sondern buchstäblich auch die physische Umwelt.

Es macht mich ein wenig traurig, diese Situation auf eurem Planeten zu sehen, doch vor allem macht es mich wütend. Und meine Wut gründet auf meiner Ansicht, dass ihr von euren Religionen in die Irre geführt und manipuliert wurdet – besonders von jenen Religionen, die verkünden, dass ihr die Natur beherrschen müsst. Ich habe euren Planeten Abermillionen von Jahren lang beobachtet und kann euch sagen, dass ihr die Natur *nicht* beherrscht und die Natur euch *zerstören* wird, wenn ihr nicht eine bewusstere Beziehung zu ihrer sich wandelnden Realität aufbaut.

Eure augenblickliche Zivilisation – und damit meine ich die globale Zivilisation – ist wie ein Quilt aus vielen Farben, die sich beißen. Was ihr nicht versteht, da euch die Perspektive der intergalaktischen Geschichte fehlt, ist, dass eure kollektive Existenz flüchtig ist. Ihr unterliegt nicht nur individuell auf der physischen Ebene eurer Biologie dem Verfall – gemeint ist euer *Tod* –, eure Zivilisation ist auch Tod und Auslöschung durch die Naturkräfte unterworfen.

Wie gesagt habe ich euren Planeten lange Zeit beobachtet und mitangesehen, wie prächtige Kulturen durch Naturkräfte zerstört wurden – und nicht so sehr von eigener Hand. Als kollektive globale Gesellschaft scheint ihr gelähmt zu sein, unfähig, mit der Realität eures zusammenbrechenden Ökosystems zurechtzukommen, und offen gesprochen wird dies durch eine biblische Illusion verursacht. Es ist, als würdet ihr glauben, dass ihr eine Art von göttlichem Recht hättet, die Natur zur Erfüllung eurer Wünsche zu zerstören. Mir ist bewusst, dass ich hier sowohl zu dem Individuum spreche, das dies liest, als auch zum Kollektiv. Im Augenblick richte ich das Wort nicht an dich als Individuum, das werde ich später tun. Im Augenblick spreche ich über eure kollektive Geschichte und die kollektive Illusion, dass ihr aus unerklärlichen Gründen unbesiegbar seid und über der Natur steht.

Es mag jetzt weit hergeholt erscheinen, dass ich von der ökologischen Katastrophe, die euch bevorsteht, zum Thema eures Herzens springe, doch die beiden sind eng miteinander verknüpft. Es ist euer Herz, durch das ihr Emotionen und die Verbundenheit mit allem Leben spüren könnt. Lasst mich kurz abschweifen und verdeutlichen, was ich sagen will. Mir ist bewusst, dass eure Emotionen einer primitiven Struktur in eurem Gehirn und nicht eurem Herzen entspringen. Aber! Euer Herz spielt dabei eine Rolle, und ich spreche hier vom physischen *und* von dem feinstofflichen Herzen, das ihr vielleicht als Herzchakra kennt. Es ist euer Herz – das Herzchakra und bis zu einem gewissen Grad auch das physische Herz –, das euch mit allem Leben verbindet. Es ist eine *empathische Intelligenz*, und wem es an ihr mangelt, der ist nicht fortgeschritten und gefährdet euer Überleben.

In Anbetracht der immer schnelleren Entwicklung eurer planetaren Technologien mache ich mir große Sorgen um euer zukünftiges Wohlergeben – aber nicht wegen der *Nutzung* dieser Technologien. Wir Arcturianer nutzen ständig Technologien. Meine Sorge besteht darin, *wie* ihr sie nutzt und was für verborgene Motivationen hinter euren Technologien stehen.

Technologien, besonders im Bereich der Telekommunikation und des Computerwesens, werden zunehmend zur Gedankenkontrolle eingesetzt. Und je weiter ihr euren Verstand nutzt, ohne mit dem Herzen verbunden zu sein, desto tiefer wagt ihr euch in gefährliches Terrain vor. Ich habe das in Atlantis beobachten können, und ich hoffe, dass ihr diese Ära nicht wiederholt. Eure Technologien sind anders, aber ähnlich genug, um jemanden in Sorge zu versetzen, der die Mission erhalten hat, diesen Raumsektor zu schützen.

Wenn sich eure Hauptreligionen, besonders jene, die ihren Ursprung im Juden- und Christentum und dem Islam haben, schon nicht transzendieren und eine neue Vision für die Menschheit formen können, dann müssen sie zumindest aufhören, den

Planeten dominieren zu wollen, und anfangen, sich als sein Verwalter zu sehen.

Dies ist ein Intelligenztest.

An das Individuum

Ich spreche nun zu dem Individuum, das dies liest oder sich vorlesen lässt. Mir ist bewusst, dass du dich im Angesicht der großen Kräfte, die von der Natur und der Ignoranz der Menschen ausgehen, vielleicht vollkommen ohnmächtig fühlst. Deswegen möchte ich klar und deutlich sagen, dass ich dich nicht verurteile. Ich rate dir nur, tiefer in dein Herz zu blicken. Finde den Ort, an dem du dich mit anderem Leben verbunden fühlst. Vielleicht kannst du diese Verbundenheit mit Pflanzen empfinden, weil du andere Menschen nicht erträgst. Das ist absolut in Ordnung. Das botanische Reich ist reich an Intelligenz, die dir Führung bieten kann. Es existiert sogar schon viel länger als der Mensch, und ich möchte hinzufügen, dass es in Überlebensfragen weitaus intelligenter ist.

Das Rätsel, vor dem du als Individuum stehst, besteht darin, dass du dich sowohl in deiner eigenen Realität befindest als auch in den kulturellen und historischen Realitäten deiner Zivilisation. Und die menschliche Evolution hat nun eine Art Crescendo erreicht, bei dem die Verstandeskräfte noch weiter von der Kraft des Herzens getrennt werden. Obwohl ich es schon einmal gesagt habe, möchte ich wiederholen: *Das menschliche Herz ist der Ort, an dem die Fähigkeit zu empathischer Intelligenz verankert ist.*

Jemand mit empathischer Intelligenz weiß, dass es eine schreckliche Dummheit ist, das Ökosystem zu verschmutzen, in dem ihr zu leben versucht. Dies ist die Trennlinie. Dies ist das erste Zeichen von empathischer Intelligenz, und wer das nicht erkennt, ist in evolutionärer Hinsicht ein Idiot. Eine höhere Form von empathischer Intelligenz schenkt auch anderen Lebensformen Aufmerksamkeit und ehrt und anerkennt sie als Mitreisende durch das Große Mysterium.

Du als Individuum beeinflusst durch dein Denken, Fühlen und Handeln in dieser Welt das Kollektiv. Sei dir dessen bewusst. Jeder Mensch auf diesem Planeten beeinflusst eure kollektive Wahrnehmung der Realität und die Möglichkeiten eures kollektiven Schicksals. Dies vollzieht sich auf einer Mikroquantenebene, und obwohl es stimmt, dass politische und religiöse Gestalten die Welt direkter beeinflussen können und scheinbar mehr Macht haben als andere Individuen oder Gruppen von Individuen, verwandelt sich dieser Umstand zunehmend in eine Illusion. Ich sage das, weil eure Technologien Individuen auf ganz neue Weise Macht verleihen – eine Weise, die sich jene, die diese Technologien erschaffen haben, niemals erträumt hätten.

Und deswegen rate ich dir als langjähriger Freund, tiefer in dein Herz zu blicken und eine Form von Beziehung zu etwas Natürlichem aufzubauen, beispielsweise einer Pflanze, einem Wald oder einem Tier, und diese Beziehung mit deinem Herzen zu spüren. Die Pflanzen und Tiere werden dir dabei helfen, deine empathische Intelligenz weiterzuentwickeln. Jeder macht das auf seine ganz eigene Weise. Deswegen kann ich dir keine Musterlösung bieten, die auch für alle anderen gilt. Doch hier ein einfacher Vorschlag, der wohl den meisten Menschen eine kleine Hilfe sein wird.

Ich rate dir, dies abgeschieden und fern von anderen Menschen zu tun. Ihr Menschen neigt dazu, euch in Anwesenheit anderer hinter einer Barriere wie einem Schleier oder einem Schutzschild zu verstecken. Ihr tut so, als wärt ihr etwas, das ihr nicht seid, um euch an etwas anzupassen, das ihr für real haltet, das häufig aber ganz und gar nicht real ist. Am besten kannst du also auf diese Weise mit deinem Herzen arbeiten, wenn du dich nicht in der Nähe anderer Menschen befindest.

Wenn du das Glück hast, in der Nähe eines Waldes oder einer natürlichen Umgebung zu leben, kannst du es dort versuchen. Wenn du ein Haustier hast, ein physisches biologisches Tier, kein biotisches

Spielzeugtier, sondern ein lebendes, atmendes Tier, das dir am Herzen liegt, dann kannst du es mit ihm versuchen. Wenn du weder in die Natur kommst noch ein Haustier hast, solltest du dir eine Pflanze anschaffen. Wenn du dich in der Natur oder bei dem Tier oder der Pflanze befindest, richtest du dein Gewahrsein auf dein Herz. Dein Gewahrsein wird *herumwuseln* und durch deinen Verstand rollen wie eine Murmel, doch du richtest es immer wieder auf dein Herz.

Manche von euch werden lange brauchen, doch irgendwann macht es sozusagen *Klick*, und du spürst, wie eine Gefühlswoge für die Natur, das Tier oder die Pflanze durch dich rollt, und schließlich empfindest du Verbundenheit und erkennst, dass du mit anderen Lebensformen zusammen bist. Dieses Erkennen ist der Anfang empathischer Intelligenz.

Eure Zivilisation mag auf Selbstzerstörung und die Abkopplung von ihrem kollektiven Herzen zusteuern – aber du musst nicht Teil davon sein. Und wenn du inmitten des (aus historischer Sicht betrachtet) Irrsinns der Zeit, in der du auf dieser Erde lebst, empathische Intelligenz entwickelst, dann wirst du auf geheimnisvolle Weise das Kollektiv beeinflussen – und das erreichst du durch Mikroquanteneffekte. Dabei handelt es sich um keine wohlig-warme Träumerei, sondern um Physik.

Die winzigste Verschiebung in einem Atom kann ein ganzes Molekül beeinflussen, das wiederum ganze Strukturen beeinflussen kann.

Und so kommt es, dass ich mich in einer höchst interessanten und schmerzlichen Situation wiederfinde. Ich fühle mich geehrt, durch eure Sprache so direkten Zugang zu euch zu haben und auf diese Weise mit euch kommunizieren zu können. Wie gesagt habe ich diesen Raumsektor Abermillionen Jahre lang beschützt. Als Sternenschiffkommandant sah ich die Mission als meinen Hauptfokus, und mein Erlebnis mit Esura öffnete mein Herz. Doch ich wusste nicht, was ich in Anbetracht der Mission damit anstellen sollte, und so entschied ich mich für die Mission, weil es das ist, was Sternenschiffkommandanten eben tun.

Als ich beim Großen Rat mit meinen Mitarcturianern sprach, erklärte ich mein Dilemma, und als ich der Diskussion einmal den Weg geebnet hatte, brachten auch viele andere zum Ausdruck, dass es ihnen ganz ähnlich erging. Und von einem evolutionären Standpunkt aus empfinde ich es als seltsam erniedrigend – und sehr vielsagend –, dass meine großartige arcturianische Zivilisation dieselbe Schwäche hat wie ihr – eine sich entwickelnde, intergalaktisch ausgesäte Spezies.

Unsere Technologien stellen eure in den Schatten. Aus unserer Sicht lebt ihr noch in der Steinzeit, und doch müssen wir Arcturianer und ihr Menschen beide auf eine Lösung für das Dilemma von Verstand und Herz kommen. Wie ironisch!

Mit dieser Ironie möchte ich schließen.

Es ist an uns, an uns Arcturianern, unsere eigene Lösung für diese Zwickmühle zu finden. Letzten Endes wird nämlich unser Überleben davon abhängen, obwohl die Bedrohung nicht unmittelbar ist.

Ihr auf der anderen Seite steht als Kollektiv vor einer mittelbaren Bedrohung für euer kollektives Überleben als existenzfähige biologische Spezies. Ihr *müsst* eure eigene Lösung für diese Zwickmühle finden. Ihr müsst eine Möglichkeit finden, eine Brücke zwischen eurem Verstand und eurem Herzen zu schlagen. All jene, die dies lesen oder es sich vorlesen lassen, die den Mut gefunden haben oder sich entschieden haben, dass sie den Mut finden wollen, mit empathischer Intelligenz zu leben – seid gegrüßt! In einem meditativeren Zustand würde ich mich vor euch verbeugen, doch während ich diese letzten Worte diktiere, befinde ich mich nicht in einem meditativen Zustand. Ich spreche zu euch als Sternenschifkommandant, der mit dem Schutz eurer Galaxie beauftragt wurde, lange vor Anbeginn eurer dokumentierten Geschichte.

Es war mir eine Ehre, euch und dem Großen Arcturianischen Rat zu dienen. Ich glaube nicht, dass es ein Zufall ist, dass unsere beiden Spezies und Kulturen vor demselben Dilemma von Verstand und Herz stehen.

Ich finde Trost in dem Wissen, dass wir Arcturianer uns Herausforderungen stellen und uns umso entschlossener um eine Lösung bemühen, je größer die Herausforderung ist.

Ich glaube, dass eine wachsende Anzahl einzelner Menschen aus dem Miasma eurer Zivilisation erwachen wird, und voller Mut und Stärke werdet ihr einen neuen Weg finden, mit der Natur und der intergalaktischen Gemeinschaft zusammenzuleben.

Es gibt einen Satz, den wir manchmal zueinander sagen, ehe wir einen Kampf beginnen oder einen sehr schwierigen Weg einschlagen. Er wird natürlich holografisch und telepathisch kommuniziert. Aber wenn ich ihn in die menschliche Sprache übersetzen sollte, würde er lauten: »Mögen dir alle Möglichkeiten offenstehen.« Diese Erwartung erzeugt die Wahrscheinlichkeit einer Lösung.

Und so sage ich euch zum Abschied: »Mögen euch alle Möglichkeiten offenstehen. Die Menschheit ist der Ursprung ihrer eigenen Zukunft.«

Müßige Gedanken erzeugen keine Parallelrealitäten.
Wenn ein Denkmuster aber stark genug ist,
beeinflusst es das Quantenfeld,
und dann entsteht eine Parallelrealität,
die gleichzeitig mit eurer Basislinienrealität verläuft.

EKTARA

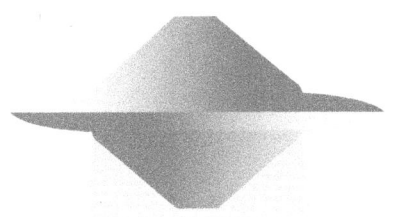

Epilog

von Tom Kenyon

»Ihr lebt in einem dualistischen Universum, und jede Perspektive,
wie erhöht sie auch sein mag, hat eine Antithese.«
Ektara, arcturianischer Wissenschaftsoffizier

I mmer schon haben mich Worte und ihre Entstehung fasziniert. In diesem Fall finde ich das Wort *Epilog* höchst interessant, da seine Ursprünge ins antike Griechenland zurückreichen, wo *epi* wörtlich »hinzugefügt« und *logos* »Rede« bedeutete. Bei einem Epilog handelt es sich demnach um nachträglich hinzugefügte Worte, die dazu dienen, das zuvor Gesagte zu reflektieren.

Die Ironie liegt dabei darin, dass ich Worte benutze, um Erkenntnisse zu kommentieren, die aus einer intergalaktischen Zivilisation stammen, in der man nicht mit Worten, sondern mittels telepathischer Holografie kommuniziert – und diese Holografie stellt für uns, die wir uns an das dreidimensionale Denken angepasst haben, ein wirklich verwirrendes Konzept dar.

Viele der Arcturianer in diesem Buch sprechen ganz direkt über ihren Gebrauch der telepathischen Holografie, während andere diesen nur andeuten. Esu, der arcturianische Meditationsmeister, verwendet viel Zeit darauf, ein Trainingsprogramm zu erläutern, mit dem wir unsere Fähigkeit steigern können, multiple Informationsfelder gleichzeitig wahrzunehmen – eine Vorbereitung auf die eigentliche telepathische holografische Kommunikation.

Ein Hauptgrund dafür, dass die Arcturianer in diesem Buch so viel Mühe darauf verwenden, uns die telepathische holografische Kommunikation nahezubringen, besteht darin, dass sie beschlossen haben, mehr Menschen zu kontaktieren, und zwar über das, was sie, die Arcturianer, *Mikrotunnel der Kommunikation* nennen.

Wie sie sagen, verfolgen sie heute eine Doppelstrategie, um Leben, Intelligenz und Freiheit in diesem Weltraumsektor zu schützen:

1) den Einsatz ihrer Sternenschiffe, um bösartige intergalaktische Eindringlinge abzuwehren, und
2) die Öffnung von Mikrotunneln für die Kommunikation mit einer größeren Zahl von Menschen, damit vielen von uns durch unmittelbare Erfahrung die arcturianische Perspektive zugänglich gemacht wird.

In seinem Kapitel geht Frephios näher auf die Entscheidung der Arcturianer ein, mehr Mikrotunnel für die Kommunikation mit uns Menschen zu öffnen.

»Es liegt in der Natur jeder Handlung in diesem Universum, dass Gegenkräfte aufkommen«, sagt er. »Entsprechend besteht unsere Strategie darin, euch auf eine Weise zu helfen, die auf weniger direkte Weise Gegenkräfte erzeugt, als wenn wir in eurer Dimension der Realität direkte Handlungen ausführen würden.«

Anders ausgedrückt: Die Arcturianer beabsichtigen, energetische Kommunikationsverbindungen mit immer mehr Menschen einzurichten, damit das kollektive menschliche Bewusstsein durch ein unmittelbares Kennenlernen und Erleben der arcturianischen Zivilisation erweitert wird.

Sie hoffen, durch diese indirekte Form der Kontaktaufnahme zu verhindern, dass mächtige Gegenkräfte auf den Plan gerufen werden, die in Erscheinung träten, wenn die Arcturianer sich offen in unserer dreidimensionalen Welt materialisierten.

Hinzu kommt, dass es, wie sie sagen, enorm viel Energie erfordert, mit einem arcturianischen Sternenschiff in den dreidimensionalen Raum einzutreten und ihn wieder zu verlassen – ein aufwendiges Unterfangen, das sie nur auf sich nehmen, wenn es wirklich erforderlich ist. Mehrere Arcturianer sagten, dass sie sich in dieser Welt materialisieren könnten, dies aber nur im äußersten Notfall tun würden.

Die Öffnung von Mikrotunneln hat allerdings auch ihre Schattenseiten, auf die ich nachfolgend näher eingehen möchte.

Es handelt sich hierbei weitgehend um meine eigenen Überlegungen und Schlussfolgerungen. Die Arcturianer haben die Problematik lediglich angedeutet. Aber da ich auf dem Gebiet der Ericksonschen klinischen Hypnose gearbeitet habe und außerdem seit über zwei Jahrzehnten veränderte Bewusstseinszustände erforsche, erscheint es mir notwendig, dieses Thema näher zu beleuchten.

Um die Probleme, die bei der Arbeit mit Mikrotunneln auftreten können, zu veranschaulichen, werde ich eine Unterteilung in drei Kategorien vornehmen:

1) gestörter Empfang
2) Fantasie und Selbsttäuschung
3) psychische Erkrankungen

Gestörter Empfang

Damit meine ich eine Störung oder einen völligen Zusammenbruch der Kommunikationsverbindung des Mikrotunnels, wodurch das Material nur unvollständig übermittelt wird. Dies kann auf das Unvermögen des Empfängers zurückzuführen sein, den veränderten Bewusstseinszustand vollständig zu manifestieren und/oder aufrechtzuerhalten, also auf Ihre persönlichen damit verbundenen Schwierigkeiten.

Meiner Erfahrung nach lassen sich Störungen dieser Art durch regelmäßiges Training in den Griff bekommen. Mit anderen Worten: Einen Mikrotunnel zu öffnen und stabil zu erhalten ist eine erlernbare Fähigkeit des Gehirns. Und je öfter Sie es üben, desto besser werden Sie darin.

Eine andere Art der Störung beruht jedoch auf einer Kontamination der Informationsübermittlung durch externe Einflüsse. Das ist auf ungenügend abgestimmte Schwingungsfrequenzen zurückzuführen.

Wieder war es Frephios, der dieses Problem ganz direkt ansprach:

»Ihr müsst verstehen, dass ihr nur dann klare Informationen erhalten könnt, wenn euer Bewusstsein – man könnte auch sagen, euer Energiefeld – dieselbe Schwingungsrate aufweist wie die Kommunikation selbst. So wird der Tunnel *fest eingestellt*, also stabilisiert, und Interferenzen werden stark reduziert.

Passt euer Bewusstsein oder Energiekörper nicht zur Schwingungsrate der Kommunikation, können andere Wesen diese Kommunikation kontaminieren.«

Hier begeben wir uns auf wirklich bizarres inneres Terrain. Ich empfehle, dass Sie Ihre Imaginationskiste bereithalten, wenn wir nun tiefer in das Thema einsteigen.

Die zentrale Idee ist, dass die Art und Qualität der Informationen, die Sie während veränderter Bewusstseinszustände empfangen, von Ihrer emotionalen Tonalität abhängt, also Ihrer mentalen/emotionalen Verfassung.

Wenn Sie einen Mikrotunnel öffnen, während Sie sich emotional unwohl fühlen, ist es sehr wahrscheinlich, dass Sie Informationen empfangen, die Sie in Ihren unangenehmen Gefühlen bestärken. Hinzu kommt, dass es eine ganze Gruppe von »Wesen« gibt, die sich als höherdimensionale Wesen ausgeben, ohne es wirklich zu sein. Ich nenne diese Fieslinge *interdimensionale Hochstapler*. Den Kontakt mit ihnen sollte man unbedingt meiden.

Am besten lassen sich unerwünschte Einmischungen solcher Wesen dadurch vermeiden, dass man für einen guten energetischen Schutz sorgt. Esu, der Meditationsmeister, erklärt ausführlich, wie Sie einen solchen Schutz schaffen können.

Ich rate Ihnen dringend, erst dann mit dem Öffnen von Mikrotunneln zu experimentieren, wenn Sie Esus Schutzmethode sicher beherrschen, die er im Zusammenhang mit der *Nakura*-Meditation beschreibt. (Die *Nakura* ist eine Meditation, die dazu dient, in andere Dimensionen zu reisen.) Nehmen Sie das nicht auf die leichte Schulter! Wenn Sie beabsichtigen, Mikrotunnel für die Kommunikation mit Wesen aus anderen Dimensionen zu öffnen, ist ein wirksamer energetischer Schutz unbedingt erforderlich.

Fantasie und Selbsttäuschung

Bei dieser zweiten Kategorie handelt es sich eher um ein psychologisches Problem. Hierbei führen unsere inneren Ziele, Hoffnungen und Träume zu Verzerrungen und Fehlinterpretationen der empfangenen Botschaften. In veränderten Bewusstseinszuständen, wie sie für das Öffnen von Mikrotunneln notwendig sind, sind wir anfällig dafür, uns von unseren eigenen unerfüllten Wünschen irreführen zu lassen. Das ist ein heikles Problem, und ich kann keine einfachen Antworten anbieten. Aber immerhin habe ich ein paar Vorschläge, was Sie dagegen tun können.

Zunächst einmal sollten Sie, wenn Sie mit dem Öffnen von Mikrotunneln experimentieren wollen, die Sache mit einer guten Portion Nüchternheit und Selbstehrlichkeit angehen. Zweitens sollten Sie alle Informationen, die Sie empfangen, im Lichte dessen hinterfragen, was Sie über sich selbst wissen. Das ist natürlich problematisch, wenn Sie nur über wenig psychologisches Selbstgewahrsein verfügen.

Sehen Menschen sich schwierigen Herausforderungen gegenüber, suchen sie manchmal nach Auswegen aus ihrem Dilemma, statt sich den Herausforderungen zu stellen, besonders wenn sie das Gefühl haben, nicht über die persönliche Macht zu verfügen, die Situation zu verändern. Veränderte Bewusstseinszustände ermöglichen es uns natürlich, vorübergehend einer Situation zu entfliehen, das ist aber nicht das eigentliche Ziel. Dieses Ziel besteht darin – jedenfalls was das Öffnen von Mikrotunneln für interdimensionale Kommunikation angeht –, unser Wissen zu erweitern und uns feinstoffliche, lebensverbessernde Energien zugänglich zu machen, so dass wir unseren Alltag freier und wirkungsvoller selbst gestalten können.

Mit anderen Worten: Mikrotunnel sind nicht dazu gedacht, sie zur Flucht aus unserer Lebenswirklichkeit zu benutzen, sondern um uns neue Ressourcen zugänglich zu machen, damit wir bessere, erleuchtetere Entscheidungen treffen können. Und durch die Entscheidungen, die wir treffen, bestimmen wir den Verlauf unseres Schicksals, nicht durch Wunschfantasien.

Daher rate ich Ihnen, dass Sie vor allem zu Anfang, wenn Sie lernen, diese Energieportale zu öffnen, alle Eindrücke und Informationen, die Sie während Ihrer Mikrotunnel-Sitzungen empfangen, nur unter Vorbehalt akzeptieren. Sie sollten das Erlebte oder Empfangene nicht einfach glauben, ohne es kritisch zu hinterfragen und überprüfen. Denken Sie daran, dass mediale Informationen immer den Filter Ihres persönlichen Bewusstseins durchlaufen. Sie können daher durch Ihre unerfüllten Wünsche oder durch Fantasien verzerrt werden.

Sehr hilfreich kann es sein, wenn Sie Ihre Mikrotunnel-Erfahrungen in einem Tagebuch protokollieren, so dass Sie sie über einen längeren Zeitraum auswerten können. Zusätzlich zu den Informationen, die Sie aus anderen Dimensionen des Bewusstseins empfangen können, gewinnen Sie dadurch enorme Einsichten und wertvolle Informationen über sich selbst.

Und bleiben Sie stets gut geerdet. Damit meine ich, dass Sie aufgrund von Botschaften, die Sie bei Mikrotunnel-Sitzungen empfangen, keine radikalen Veränderungen in Ihrem Leben vornehmen sollten. Wenn Sie während einer solchen Sitzung auf ein Wesen treffen, das Ihnen sagt, dass Sie etwas Bestimmtes tun *müs-*

sen – besonders wenn das nicht Ihren Absichten entspricht oder gegen Ihre persönlichen Werte verstößt –, dann sollten Sie den Kontakt zu diesem Wesen unbedingt meiden.

Auf die Gefahr hin, mich zu wiederholen: Sorgen Sie unbedingt für einen guten energetischen Schutz, bevor Sie einen Mikrotunnel öffnen. In dieser Hinsicht finde ich die Vorschläge des Meditationsmeisters Esu effektiv und absolut empfehlenswert.

Psychische Erkrankungen

Für die meisten Menschen ist das Öffnen von Mikrotunneln für Kommunikationszwecke völlig ungefährlich. Für einen bestimmten Personenkreis gilt dies jedoch nicht.

Wenn Sie unter psychischen Erkrankungen wie Schizophrenie, Psychose, multipler Persönlichkeitsstörung, bipolarer Störung oder dergleichen leiden, ist es nicht ratsam, Mikrotunnel ohne qualifizierte professionelle Begleitung zu öffnen.

Es ist meine persönliche Überzeugung, dass es eine psychische Heilwirkung haben kann, über einen Mikrotunnel mit einem wohlwollenden höherdimensionalen Wesen zu kommunizieren. Wenn Sie sich aber in einer instabilen psychischen Verfassung befinden, sollten Sie bei einem solchen Unterfangen unbedingt die Hilfe eines erfahrenen Psychotherapeuten in Anspruch nehmen.

Sollten Sie unter einer psychischen Störung leiden und dennoch Erfahrungen mit Mikrotunneln machen wollen, empfehle ich Ihnen, sich einen erleuchteten Therapeuten oder eine erleuchtete Therapeutin als Verbündeten zu suchen, vielleicht jemanden, der in Transpersonaler Psychologie ausgebildet ist. Manchmal nennen solche Therapeuten sich spirituell orientierte Psychologen oder spirituelle Berater. Vergewissern Sie sich aber, dass die betreffende Person über gute Referenzen verfügt und wirklich erfahren im Umgang mit psychischen Störungen und transpersonalen, spirituellen Erfahrungen ist. Bitten Sie sie, zunächst dieses Buch zu lesen und erst dann zu entscheiden, ob sie bereit ist, mit Ihnen zu arbeiten – oder nicht.

Psychospirituelle Entgiftung

Machen Sie sich bewusst, dass Sie, wenn Sie Mikrotunnel für die Kommunikation mit Arcturianern oder anderen höherfrequenten Wesen öffnen, Ihren Energiekörper dieser höheren Frequenz aussetzen. Das ist etwas sehr Gutes, weil es als ein *evolutionärer Katalysator* wirkt, aber in manchen Fällen können dadurch Dinge in Ihnen aufgewirbelt werden. Es können Emotionen und sogar unangenehme körperliche Empfindungen geweckt werden, mit denen Sie sich dann auseinandersetzen müssen.

Verstehen Sie mich nicht falsch. In der Regel erleben die meisten Menschen den Kontakt mit höherdimensionalen Wesen als überaus angenehm und ohne jede psychospirituelle Entgiftungsreaktion, aber manchmal kommt es eben doch vor. Im größeren Kontext der Selbstevolution halte ich das letztlich für eine gute Sache, aber wenn Sie nicht verstehen, was mit Ihnen geschieht, könnten Sie eine solche Entgiftungsreaktion für falsch oder negativ halten, was sie nicht ist.

Sollten bei Ihnen nach dem Kontakt mit einem höherdimensionalen Wesen unangenehme Emotionen, Gedanken und/oder körperliche Reaktionen auftreten, empfehle ich Ihnen einen Artikel, den ich zu diesem Thema geschrieben habe. Er trägt den Titel *Psychospirituelle Entgiftung*. Als hilfreiche Ergänzung ist er enthalten in meinem Buch *Lichtmedizin*, ansonsten ist er Teil von *Mit den Krokodilen ringen*, einer Sammlung meiner Essays und Reiseberichte aus zwei Jahrzehnten. Sie können ihn auch gratis lesen unter »Articles« auf meiner Website www.TomKenyon.com, wenn Sie dort ganz nach unten scrollen und auf »Deutsch« klicken. Sie finden ihn gegen Ende der sich dann öffnenden neuen Seite.

Zusammenfassung

Ich kann aufrichtig sagen, dass mein Kontakt mit den Arcturianern, der sich inzwischen über mehrere Jahre erstreckt, zu den besonders inspirierenden, erhebenden Erfahrungen in meinem Leben zählt. Ihre Integrität, ihr scharfer Verstand, ihre Meisterschaft in interdimensionaler Strategie ebenso wie ihre durch und durch guten Absichten und, nicht zu vergessen, ihr bemerkenswerter Sinn für Humor haben in mir eine tiefe Zuneigung geweckt.

Ob Sie sich dafür entscheiden, mit der Öffnung von Mikrotunneln zu experimentieren oder nicht, ist – in mancher Hinsicht – unerheblich. Einige von uns besitzen eine natürliche Neigung, Abenteurer des Bewusstseins zu werden. Ich nenne sie *Argonauten des Geistes*. Andere ziehen es vor, über die unermesslichen Welten des Bewusstseins nur zu lesen oder sich Berichte aus zweiter Hand anzuhören.

Doch wofür Sie sich im Hinblick auf die Mikrotunnel auch entscheiden mögen, ich gehe in jedem Fall davon aus, dass das in diesem Buch weitergegebene Wissen Sie dazu ermutigen und inspirieren wird, ein reicheres Leben zu führen, das offen ist nicht nur für die äußeren Welten der Existenz, sondern auch für die inneren Welten Ihres eigenen Seins. Und wenn diese Transformation Ihrer Wahrnehmung wirklich eintritt, dann hat unsere Mühe sich gelohnt.

Wir Menschen stehen gegenwärtig an einem Wendepunkt unserer Geschichte. Wie die weitere Entwicklung aussehen wird, lässt sich nur erahnen. Der amerikanische Astrophysiker und Exobiologe Carl Sagan sagte einmal: »Aussterben ist die Regel, Überleben die Ausnahme.« Und es bleibt abzuwarten, ob wir als Spezies überleben oder nicht. Vielleicht werden wir überleben, wie manche vorhergesagt haben. Vielleicht werden wir uns, wie andere vorhergesagt haben, in einem wahnsinnigen Armageddon-Weltbrand auch selbst auslöschen. Oder vielleicht werden die höheren Qualitäten unserer Menschlichkeit, wie Mitgefühl und Großzügigkeit, ganz einfach weghypnotisiert werden von einer immer mehr wachsenden planetaren Bewusstseinsmaschinerie.

Andererseits sind wir Menschen stets fähig gewesen, uns selbst zu überraschen, wenn wir äußeren Zwängen ausgesetzt waren. Vielleicht werden ja immer mehr von uns aus dem lähmenden Traum erwachen, der seit Jahrhunderten wie ein Zauberbann auf uns liegt, und erkennen, dass wir geschlafen haben. Und wie in einem luziden Traum begreifen wir dann vielleicht, dass wir selbst die Träumer sind, und aus der Kraft dieser Erkenntnis heraus treffen wir die Entscheidung, den Traum zu verändern.

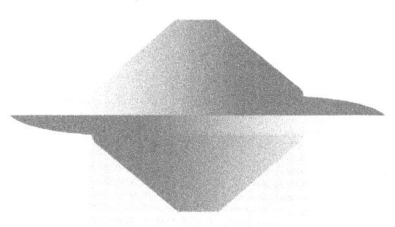

Fotos

von Judi Sion

Wie Sanat Kumara sagte, handelt es sich bei diesem geometrischen Muster, das am Berg Kurama als Steinmosaik angelegt wurde, um eine künstlerische Darstellung der komplexen Harmonien, die von seinem Sternenschiff erzeugt wurden, als es auf dem Berg landete. (Dies ist nicht der Landeplatz. Das Steinmosaik befindet sich vor dem Haupttempel am Berg Kurama.)

Die verschiedenen Muster in der labyrinthartigen Struktur stellen rotierende Lichtmuster dar. Diese Muster repräsentieren die pulsierenden multidimensionalen Energiefelder, die von Sanat Kumaras Schiff erzeugt wurden.

Das Muster kann als Mandala genutzt werden – also zum Fokussieren der Aufmerksamkeit bei der Meditation. Wenn Sie dieses »Mandala« betrachten, während Sie den Nakura-Soundtrack auf der CD *Reine Liebe vom Arcturus* anhören, kann Ihnen das interessante Informationsfelder zugänglich machen.

Foto © by Judi Sion

Dieser kleine Schrein befindet sich an der Rückseite des Kurama (Kurama Yama). Der Berg Kurama spielt im Buddhismus und Shintoismus eine wichtige Rolle. Es ist ein zutiefst mystischer Berg, und dies ist die Stelle, wo Santa Kumara landete und aufstieg. Dieser kleine Schrein ist nicht für die Öffentlichkeit zugänglich. Es gibt in der Nähe einen zweiten, größeren Schrein, der für Besucher geöffnet ist und wo Sanat Kumara verehrt wird. Zeremonien und Gebete finden in diesem größeren öffentlichen Schrein statt.

Um zu Sanat Kumaras Landeplatz zu gelangen, müssen Sie den Kumara besteigen und dann den Abstieg auf der Rückseite beginnen. Es gibt auf dem Berg große Bäume mit einem Geflecht aus sich über der Erde verzweigenden Wurzeln, die das Gehen schwierig machen. Der Boden ist so hart, dass die Wurzeln nicht in ihn vordringen können, so dass sie sich über ihm entlangwinden.

Der Haupttempel am Kurama existiert seit über 1300 Jahren. Er ist mehrfach abgebrannt und wurde stets wieder aufgebaut.

In den 1920er Jahren meditierte Mikao Usui 21 Tage lang auf dem Berg, an einem Ort namens Osugi Gongen nahe einem heiligen Baum (Kami). Während dieser Meditation empfing er die Heilkunst Reiki. Als wir Sanat Kumara fragten, ob er an der Übermittlung des Reiki an Usui beteiligt gewesen sei, antwortete er, Reiki sei eine arcturianische Heilmethode, die er während dessen Meditationsretreat persönlich an Usui weitergegeben habe.

Foto © by Judi Sion

Während unserer ersten Weltreise leitete Tom im Jahr 2001 ein Seminar in Japan. Anschließend reisten wir nach Kyoto und zum Berg Kurama. Kyoto ist eine erstaunliche Stadt voller Schreine und Tempel jeder erdenklichen Glaubensrichtung.

Der Kurama befindet sich knapp 20 Kilometer von der Stadt entfernt. Er ist die Heimat einer bestimmten buddhistischen Sekte und gilt auch im Shintoismus als heilig. Man glaubt dort, dass Sanat Kumara vor sechs Millionen Jahren mit seinem privaten Raumschiff auf dem Kurama landete.

Diese Sandskulptur ist eine symbolische Darstellung seines Schiffes. Auf einer Schrifttafel heißt es, dass dies Sanat Kumaras Fahrzeug sei. Laut der Inschrift kam er vor sechs Millionen Jahren mit einem solchen Fahrzeug von der Venus und landete auf dem Kurama. (Sanat Kumara selbst sagt, die Landung habe vor zehn Millionen Jahren stattgefunden, nicht vor sechs Millionen.)

Foto © by Judi Sion

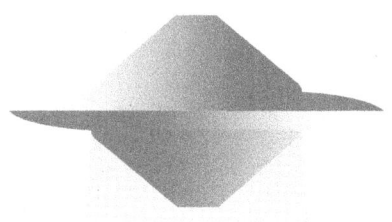

Einladung an die Leser

Sie können sich die Klänge von Bord des arcturianischen Sternenschiffes, die Tom in der Einleitung erwähnt, auch auf unserer Website www.TomKenyon.com anhören. Besuchen Sie einfach den Store und scrollen Sie zur CD *Lightship*. Dort können Sie sich ein zweiminütiges Sample anhören. Oder Sie lauschen den Hörproben auf www.AmraVerlag.de. Dort finden Sie auch Samples aus der CD *Reine Liebe vom Arcturus*.

Unsere Website www.TomKenyon.com ist eine wertvolle Ressource für Informationen über persönliche und globale Transformation, die Kunst und Wissenschaft spiritueller Überlieferung, veränderte Bewusstseinszustände und Klangheilung. Ein großer Teil des Materials auf unserer Website ist kostenfrei.

In der Rubrik *Listening* können Sie hören, wie Tom mit seiner fast vier Oktaven umfassenden Stimme Klangheilungs-Sessions und katalytische Klänge aus einer großen Bandbreite spiritueller Traditionen intoniert. Auch können Sie sich Auszüge von auf Englisch stattgefundenen Gesprächen und Vorträgen anhören.

Unter *Acoustic Brain Research* finden Sie Artikel, wissenschaftliche Abhandlungen und EEG-Studien aus Toms früherer Arbeit auf dem Gebiet der psychoakustischen Wissenschaft, allerdings auf Englisch. Diese Forschungen über die Auswirkungen von Klängen und Musik auf unser Gehirn legten den Grundstein für seine derzeitige Arbeit mit Klängen als ein Mittel, Zugang zu den kreativeren Aspekten des Gehirn/Geistes zu erhalten.

Außerdem finden Sie auf www.TomKenyon.com zahlreiche von Tom verfasste Artikel, in denen wissenschaftliche Themen behandelt werden, aber auch Psychologie und Esoterik. Einzig auf Deutsch liegen sie gesammelt in Form eines Buches vor. Es trägt den Titel *Mit den Krokodilen ringen* und enthält obendrein zwei Texte der Hathoren.

Englische Botschaften der Hathoren finden Sie regelmäßig auf www.TomKenyon.com, die deutschen Übersetzungen auf www.AmraVerlag.de. Dort können Sie sich auch für den englischen oder deutschen Newsletter eintragen.

Das sind nur einige der vielen kostenlosen Angebote zur Bewusstseinserweiterung auf unserer Webseite, zu deren Nutzung wir Sie herzlich einladen.

»Die Zukunft ist nicht, was sie zu sein scheint.«

Reine Liebe vom Arcturus

Die CD zum Buch

B egleitend zu diesem Buch ist eine neue CD entstanden, auf der sich arcturianische Klangcodes befinden. Insgesamt handelt es sich um vier Klangmeditationen, *Nakura* und *Regenese*, jeweils in einer kurzen und einer langen Fassung. Auf der ursprünglichen amerikanischen Ausgabe der CD sind die langen Fassungen nicht enthalten.

Nakura (11:25 Min. und 22:38 Min.) Diese Klangcodes unterstützen die Nakura-Meditation, wie sie von Esu, dem arcturianischen Meditationsmeister, beschrieben wird. Der Zweck dieser Meditation ist es, multiple Bewusstseinsdimensionen zu erforschen, indem man *das Kura durchschreitet, das Tor zur Ewigkeit.* Dieser Ausdruck – *das Kura durchschreiten* – bedeutet einfach, dass ein Aspekt Ihres Bewusstseins durch eine Öffnung geht, die sich am Ort jenes Tores befindet, das im Booklet der CD beschrieben wird. Diese Meditation ist ein wundervolles Hilfsmittel, um auf sanfte und mühelose Weise andere Dimensionen zu erforschen.

Regenese (11:55 Min. und 23:34 Min.)

Diese Klangcodes stellen eine Annäherung an die Licht-Fluktuationen dar, die in einer *arcturianischen Regenese-Kammer* auftreten, wie sie im Buch beschrieben wird. Der primäre Hintergrundklang dieser Aufnahme stammt von der CD *Lightship*, die Tom in seiner Einleitung erwähnt. Der Grund dafür ist, dass die Regenese-Kammer sich an Bord eines arcturianischen Sternenschiffes befindet. Daher findet alles, was sich in der Kammer abspielt, begleitet von den Hintergrundgeräuschen des Raumschiffes statt.

Hörproben finden Sie auf www.AmraVerlag.de.

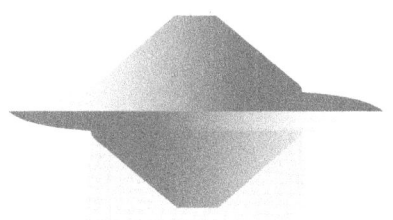

Über die Hathoren

Im vorliegenden Buch ist auch immer wieder von den Hathoren die Rede, sie leiten sogar die Botschaften der Arcturianer ein. Es handelt sich dabei um geistige Wesenheiten, deren musikalische Klänge und gesprochene Mitteilungen Tom Kenyon seit mehr als zehn Jahren medial empfängt. Ihre Musik ist auf mehreren CDs festgehalten, ihre gesammelten Botschaften finden Sie in den Büchern *Aufbruch ins höhere Bewusstsein* und *Lichtmedizin*, die auch viele Hintergrundinformationen über diese Wesenheiten enthalten.

Judi Sion schreibt: »Die Wesen, die das Material in den Büchern übermittelt haben, wurden als Hathoren bekannt, weil sie im alten Ägypten durch die Tempel der Göttin Hathor wirkten. Der eigentliche Name ihrer Zivilisation ist ein *Klang*, nicht ein Wort, und er lässt sich nicht ins Deutsche, Englische oder irgendeine andere Sprache der Erde übersetzen. Weil sie durch die Tempel der Hathor wirkten, wurde der Energie dieser Wesen derselbe Name zugeordnet wie der Göttin. Da ihr richtiger Name nicht als Wort ausgesprochen werden kann, ist der Name, bei dem wir sie nennen, wenn Sie so wollen, ein Missverständnis, das sich für diese interdimensionalen Wesen aus Klang und Liebe erhalten und eingebürgert hat.

Die Göttin Hathor und die Hathoren stammen nicht aus derselben Zivilisation oder Dimension, aber in ihrer anthropomorphen Gestalt sind ihre Gesichtszüge einander sehr ähnlich, so dass die Abbildungen der Göttin und der Wesen, die durch ihre ägytischen Tempel wirkten, sich erstaunlich gleichen. Die Göttin Hathor und die Wesenheiten, die Hathoren, haben ganz ähnliche Ohren und auch ähnlich breite Gesichter, wobei die waagerechten Linien von Ohr zu Ohr länger sind als die senkrechten Linien von Stirn zu Kinn.

Als die Wesen namens Hathoren eingeladen wurden, am alten Ägypten teilzuhaben, war es nur logisch, dass sie in den Hathor-Tempeln tätig wurden. In nahezu jeder größeren Tempelanlage gab es einen Tempel dieser Göttin, und ihre Eingeweihten, die Priester und Priesterinnen, waren hoch entwickelte Personen. Sie arbeiteten mit Klang und Musik als integralem Bestandteil ihrer Methodik, sich in Trance und in die zweite Welt der Aufmerksamkeit (das *duwat*) zu begeben, und so war es den Wesenheiten, den Hathoren, möglich, mit diesen hoch entwickelten Ägyptern zu kommunizieren.«

Auch in unserer heutigen Zeit treten die Hathoren durch Channelmedien mit uns in Verbindung, und ihr wesentlicher und reinster Übermittler ist Tom Kenyon.

Zeitnahe Übersetzungen seiner aktuellen Hathoren-Botschaften finden Sie regelmäßig auf www.AmraVerlag.de.

Deutsche Veröffentlichungen von Tom Kenyon

Bibliografie

Aufbruch ins höhere Bewusstsein. Die Hathoren-Botschaften. Wie wir die Herausforderungen unserer Zeit meistern. Deutsche Originalausgabe, aus den amerikanischen Manuskripten übersetzt von Ingrid Riedel-Karp, mit 16 Seiten Farbteil und CD-Beilage »Dimensional Attunement«, 256 Seiten, Amra Verlag, Hanau 2009; auch als eBook [ohne CD].

Die Große Veränderung [mit Lee Carroll, Patricia Cori, Judi Sion, hrsg. von Martine Vallée]. Originaltitel der frankokanadischen Erstausgabe: *La Grande Transformation*; englischer Originaltitel der US-Ausgabe: *The Great Shift*; aus dem Amerikanischen von Thomas Görden und Ingrid Riedel-Karp, 224 Seiten, Amra Verlag, Hanau 2009; auch als eBook.

Die Hathor-Zivilisation. Was wir aus unserer Zukunft lernen können [mit Virginia Essene], Originaltitel der US-Ausgabe: *The Hathor Material*; aus dem Amerikanischen von Silvia Autenrieth, 224 Seiten, Burgrain 2000 [vergriffen]. Taschenbuch-Ausgabe: *Die Hathor-Zivilisation. Gespräche mit interdimensionalen Wesen* [mit Virginia Essene], 288 Seiten, Koha Verlag, Burgrain 2011 [vergriffen]. – Eine grundlegend überarbeitete Neuausgabe erschien 2013 unter dem Titel *Die Weisheit der Hathoren*, gemeinsam mit den dazugehörigen CDs »Hathor-Meditationen« und »Hathor-Sounds« als Einzelveröffentlichungen, siehe dort.

Hathoren Zeitenwende Kalender 2012-2013 [Wandkalender mit Fotos von Adrianne Koteen]. Deutsche Originalausgabe, Din-A4 quer, Spiralbindung, Monatsblätter mit Botschaften der Hathoren und astrologischen Daten; aus dem Amerikanischen von Thomas Görden und Ingrid Riedel-Karp, 28 Seiten, Amra Verlag, Hanau 2011 [Restbestände].

Immerwährender Hathoren-Kalender. Mit Beiträgen von Maria Magdalena [mit Judi Sion]. Deutsche Originalausgabe; aus den amerikanischen Manuskripten von Thomas Görden, Sarah Heidelberger u.a., 224 Seiten, vierfarbig gestaltet mit zahlreichen Fotos, Amra Verlag, Hanau 2015; auch als eBook.

Lebe in deinem eigenen Licht. Lehren der Plejadier, der Hathoren und der Magdalena von Arcturus [mit Wendy Kennedy]. Neue Zusammenstellung auf der Grundlage der anglokanadischen Originalausgabe: *The Great Human Potential*; aus dem Amerikanischen übersetzt von Nayoma de Haën, 192 Seiten, Koha Verlag, Burgrain 2014; auch als eBook.

Lichtboten vom Arcturus. Mitteilungen einer aufgestiegenen Zivilisation, eingeleitet von den Hathoren [mit Judi Sion]. Originaltitel der US-Ausgabe: *The Arcturian Anthology*; die dazugehörige CD erschien als Einzelveröffentlichung mit Überlänge unter dem Titel »Reine Liebe vom Arcturus«, siehe dort; aus dem Amerikanischen von Thomas Görden, 224 Seiten, Amra Verlag, Hanau 2014; auch als eBook.

Lichtmedizin. Botschaften der Hathoren für die Neue Zeit. Deutsche Originalausgabe, aus den amerikanischen Manuskripten übersetzt von Thomas Görden, Sarah Heidelberger und Michael Nagula, mit CD-Beilage »Der Kristallpalast im Inneren und das Öffnen der Hallen von Amenti«, 288 Seiten, Amra Verlag, Hanau 2013; auch als eBook [ohne CD].

Das Manuskript der Magdalena. Die Alchemie des Horus und die Sexualmagie der Isis [mit Judi Sion]. Originaltitel der US-Ausgabe: *The Magdalen Manuscript*; aus dem Amerikanischen von Nayoma de Haën, 256 Seiten, Koha Verlag, Burgrain 2003.

Mit den Krokodilen ringen. Gesammelte Essays und Reiseberichte. Deutsche Originalausgabe, aus den amerikanischen Manuskripten übersetzt von Thomas Görden, Sarah Heidelberger, Ingrid Riedel-Karp und Michael Nagula, 336 Seiten, Amra Verlag, Hanau 2014; auch als eBook.

Neue Zeit [mit Lee Carroll, James Tyberonn, Patricia Cori, Judi Sion, hrsg. von Martine Vallée]. Originaltitel der frankokanadischen Ausgabe: *Le Grande Rassemblement*; englischer Originaltitel: *The Great Gathering*; aus dem Amerikanischen von

Sarah Heidelberger und Thomas Görden, 368 Seiten, Amra Verlag, Hanau 2012; auch als eBook.

Die Sphäre aller Möglichkeiten. Ein Hathoren-Seminar über die Manifestation von Gewahrsein und Intention. Originaltitel: *The Sphere of All Possibilities* [in den USA nur als 10-teiliges CD-Set erschienen]. Die deutsche Buchausgabe enthält auf 224 Seiten die Übersetzung des kompletten dreitägigen Seminars, aus dem Amerikanischen von Vicky Gabriel, sowie das ursprüngliche CD-Set von 555 Minuten Länge auf zwei mp3-CDs, Amra Verlag, Hanau 2015; auch als eBook [ohne CDs].

Die Weisheit der Hathoren. Botschaften einer aufgestiegenen Zivilisation [mit Judi Sion]. Überarbeitete Neuausgabe des Titels *The Hathor Material*; die dazugehörigen CDs »Hathor-Meditationen« und »Hathor-Sounds« erschienen als Einzelveröffentlichungen, siehe dort; aus dem Amerikanischen von Nayoma de Haën, 272 Seiten, Amra Verlag, Burgrain 2013.

Diskografie

Aethos. Aufhebung der Dualität. Sechs starke Klangmeditationen zum Eintreten in ein Bewusstseinsspektrum, das aller Existenz zugrundeliegt – ein machtvoller Auslöser für die Selbst-Evolution; 56 Minuten, Amra Verlag, Hanau 2013.

Angel Codes. Anrufung der Erzengel [2 CDs]. Tom Kenyons über fast vier Oktaven reichende Stimme channelt Kodierungen zur Heilung und Transformation und öffnet ein klangvolles Tor zum Engelreich; Live-Aufnahme eines Oster-Retreats; 124 Minuten, Koha Verlag, Burgrain 2008.

Ascension Codes. Aus der Zukunft übermittelte Klangcodes, die unsere Schwingung erhöhen und den bewusstseinsmäßigen Aufstieg erleichtern; 61 Minuten, Koha Verlag, Burgrain 2010.

Ba Ra Shem Ka. Gesang an die Himmlische Seele, damit sie in einer strahlenden Erleuchtung ihre spirituelle Energie verströmt und so die Feuer des Bewusstseins entfacht, die Lebenskraft stärkt und den menschlichen Lichtkörper transformiert; 66 Minuten, Amra Verlag, Hanau 2011.

Chakra Clearing [4 CDs]. Ein Hathoren-Intensivseminar zur Reinigung und Harmonisierung der sieben Ebenen des Bewusstseins, enthält ein 52 Seiten umfassendes Booklet; 210 Minuten, Amra Verlag, Hanau 2012.

City of Hymns. Interpretationen christlicher Lieder, inspiriert von einer Begegnung mit Jesus; 47 Minuten, Koha Verlag, Burgrain 2001.

Dimensional Attunement [nur als Begleit-CD zum Buch »Aufbruch ins höhere Bewusstsein« erhältlich]. Eine Klangreise zur dimensionalen Abstimmung der Zirbeldrüse, die den Aufstieg des Bewusstseins in unserer Zeit erleichtert; 64 Minuten, Amra Verlag, Hanau 2009.

Forbidden Songs. Eigene Lieder aus zwanzig Jahren zu den Themen Verzweiflung, Obsession und Erleuchtung; 65 Minuten, Koha Verlag, Burgrain 2001.

The Golden Orb. Gesänge an Kuan Yin, bei denen durch den Körper geführtes Chi tiefe taoistische Heilerfahrungen bewirken kann; 59 Minuten, Amra Verlag, Hanau 2010.

Hathor-Meditationen [2 CDs; thematisch mit dem Buch »Die Weisheit der Hathoren« verbunden]. Geführte Meditationen zur Selbstmeisterung und Geometrie des Bewusstseins; 130 Minuten, Koha Verlag, Burgrain 2013.

Hathor-Sounds [thematisch mit dem Buch »Die Weisheit der Hathoren« verbunden]. Klänge der Hathoren, aufgenommen bei verschiedenen Workshops und Intensivseminaren; 40 Minuten, Koha Verlag, Burgrain 2013.

Heart Gems 1. Spiritual Songs for Lovers. [Sampler mit acht Titeln von Tom Kenyon, Sayama und Felix Maria Woschek.] Heilige und heilende Musik aus verschiedenen Traditionen; 60 Minuten, Koha Verlag, Burgrain 2004 [vergriffen].

Homage to Soul. Harmonien für die Seele. Gitarre, Flöte, Cello und Stimme betören durch Klänge zur Erhöhung von Konzentration und Aufmerksamkeit, die auf Forschungen von Professor Georgi Lozanov beruhen, dem Begründer des ganzheitlichen Lernens, mit 60 Schlägen pro Minute; 66 Minuten, Amra Verlag, Hanau 2013.

Imaginarium. Inspirierte und inspirierende Gesänge und Klänge, die ins Reich zwischen Bewusstsein und Materie einladen, sowie Lieder, die einfach nur das Herz berühren; 61 Minuten, Koha Verlag, Burgrain 2004.

Immunity. Schamanische Heilgesänge. Heilungskodierungen von 32 geistigen Klangheilern erzeugen ein einzigartiges Gewebe heilender Klangwellen. [Lesen Sie hierzu den Essay »Immunität« über die Entstehung der CD in dem Buch »Mit den Krokodilen ringen«.] 60 Minuten, Koha Verlag, Burgrain 2007.

Infinite Pool. Reise in das holographische Gehirn. Das Klangmuster eines Akul, eines hoch entwickelten Geistwesens der ägyptischen Alchemie, sowie die Stimmen der Hathoren regen die Kommunikation zwischen den Gehirnhälften an. [Lesen Sie hierzu den Essay »Der Übergang ins holographische Universum« in dem Buch »Mit den Krokodilen ringen«.] 60 Minuten, Koha Verlag, Burgrain 2004.

Initiation – Lied der Neuen Erde. Eine Einweihung durch die geistige Welt, gechannelt bei einem Klangheilungsseminar, sowie ein seelenvolles Lied der Hoffnung, geschrieben auf Wunsch der geistigen Welt; 45 Minuten, Amra Verlag, Hanau 2010.

Das Kalachakra des Großen Mitgefühls. Klangmeditationen mit dem Buddha des Mitgefühls erwecken durch tantrische Vereinigung das innere Licht unseres erleuchteten Geistes; 72 Minuten, Amra Verlag, Hanau 2010.

Der Kristallpalast im Inneren und das Öffnen der Hallen von Amenti [nur als Begleit-CD zum Buch »Lichtmedizin« erhältlich]. Vier umfangreiche Klangmeditationen, um den Zugang zu höheren Ebenen des Bewusstseins zu erlangen, und als Extra eine dimensionale Abstimmung der Hirnanhangdrüse; 63 Minuten, Amra Verlag, Hanau 2013.

Kundalini Rising. Erweckung der Schlange des Lichts [3 CDs]. Kundalini Shakti ist die ursprüngliche weibliche Energie des Bewusstseins und gilt in der Yoga-Tradition als Göttin, die das Meditieren erleichtert; mit einem umfangreichen Booklet, 180 Minuten, Amra Verlag, Hanau 2013.

Lightship. Klänge eines arcturianischen Lichtschiffs führen zu Zuständen der inneren Bewusstheit und zur Wahrnehmung anderer Bewusstseinswelten. [Lesen Sie hierzu den Essay »Psychonavigation« über Techniken zum Aufsuchen einer alternativen Zukunft in dem Buch »Mit den Krokodilen ringen«.] 61 Minuten, Amra Verlag, Hanau 2010.

Muerte. Ein spiritueller Transformationsprozess, der durch das schamanische Totenreich führt und alte Programmierungen auflöst; 50 Minuten, Amra Verlag, Hanau 2012.

Mysterium. Heilgesänge der Hathoren, die Körper, Geist und Seele nähren, weil sie als reiner Klang anregend auf die rechte Gehirnhälfte wirken, die Kreativität und Erkenntnis hervorbringt; 63 Minuten, Amra Verlag, Hanau 2011.

Reine Liebe vom Arcturus [thematisch mit dem Buch »Lichtboten vom Arcturus« verbunden]. Klangmeditationen des arcturianischen Meisters Esu, um multiple Dimensionen des Bewusstseins zu erfahren und sich an die Lichtfluktuationen im Inneren der arcturianischen Erneuerungskammer anzupassen; 69 Minuten, Amra Verlag, Hanau 2014.

Sacred Chants. Heilige Gesänge aus dem Welterbe der Spiritualität mit beruhigender und entspannender Wirkung zum Stressabbau. 59 Minuten, Koha Verlag, Burgrain 2002.

Solace. Mit seiner Stimme, Obertönen und dezenten Klaviertönen bringt Tom Kenyon Entspannung für die Seele. Ideal für Massagen, Heilungen, therapeutische Sitzungen und einfach nur zum Anhören; 61 Minuten, Amra Verlag, Hanau 2011.

Soma. Auf der harmonischen Quinte beruhende melodische Kompositionen mit Biopulsfrequenzen und »essentischen Formen«, bei denen durch den Druck der Stimme positive Emotionen übertragen werden. 60 Minuten, Koha Verlag, Burgrain 2004.

Songs of Magdalen. Lieder und Klänge, gechannelt aus dem Licht dieses göttlichen Wesens, aus dem Herzen der Kosmischen Mutter; 56 Minuten, Koha Verlag, Burgrain 2007.

Sound Transformations. Live-Aufnahme magischer Tonschöpfungen der Hathoren zur Transformation und Heilung. 59 Minuten, Koha Verlag, Burgrain 2001.

The Spirit of Amra, Vol. 1. [Gratis-Sampler mit sechzehn ausge-spielten Stücken von Tom Kenyon, Karin Tag, Ani Williams, Nicole Haller u.a.] Ein Querschnitt durch das Programm von Amra Records mit fünf Minuten von der Begleit-CD zum Buch »Aufbruch ins höhere Bewusstsein« als Bonus; 61 Minuten, Amra Verlag, Hanau 2012.

The Spirit of Amra, Vol. 2. [Gratis-Sampler mit vierzehn ausge-spielten Stücken von Tom Kenyon, Sayama, Michael Reimann, Gary Renard, Dolphin Dreaming u.a.] Ein Querschnitt durch das Programm von Amra Records mit fünf Minuten von der Begleit-CD zum Buch »Lichtmedizin« als Bonus; 72 Minuten, Amra Verlag, Hanau 2015.

Transmissions of Light. Gesänge der Hathoren, deren Klangko-dierungen große Mengen an Licht übertragen, speziell für das System der endokrinen Drüsen, aufgenommen bei einem drei-tägigen Workshop; 60 Minuten, Amra Verlag, Hanau 2013.

Voices from Other Worlds. Elf wundervolle spirituelle Lieder, die nach verschiedenen schamanischen Systemen heilsam wirken; 58 Minuten, Amra Verlag, Hanau 2010.

Weiße Tara. Meditation für den Planeten, um die Flinke Be-schützerin zu ehren, eine Göttin des Mitgefühls im tibetischen Buddhismus, damit sich ihr hohes Bewusstsein auf der Welt verbreiten kann; 59 Minuten, Amra Verlag, Hanau 2011.

Alle genannten Bücher und CDs sind erhältlich auf
www.AmraVerlag.de
und können formlos bestellt werden unter
Info@AmraVerlag.de.

Fordern Sie kostenlos unseren Katalog und unsere
Gratis-CDs an, gern auch unter der
Hotline-Nummer +49 (0) 61 81 – 18 93 92.

Regelmäßige Infos enthält der Hathoren Newsletter,
für den Sie sich anmelden können auf
www.AmraVerlag.de.

Die Autoren

Als ein echter Renaissancemensch ist *Tom Kenyon* Forscher, Therapeut, Musiker, Klangheiler und Lehrer jedes größeren Transformationssystems, des tibetischen Buddhismus, Taoismus, Hinduismus, esoterischen Christentums und der Hohen Alchemie Ägyptens. Er hat einen Abschluss als Psychotherapeut und mehr als dreißig Jahre praktische Berufserfahrung. In seiner therapeutischen Arbeit erkannte er das enorme Potenzial der Wirkung von Klang und Musik auf das Bewusstsein und gründete 1983 »Acoustic Brain Research« für die Anwendung von Klang, Sprache und Musik zur Freilegung schöpferischer Energie. Er gibt Workshops und leitet überall auf der Welt spirituelle Reisegruppen.

Seine Erfahrungen als Channelmedium für die Hathoren führten zu dem Buch *Die Hathor-Zivilisation* (Koha 2000), das mittlerweile als überarbeitete Neuausgabe unter dem Titel *Die Weisheit der Hathoren* (Koha 2013) vorliegt. Auch Maria Magdalena channelt er seit einigen Jahren, wodurch gemeinsam mit seiner Ehefrau Judi Sion *Das Manuskript der Magdalena* (Koha 2003) entstand. Neues Material aus beiden geistigen Quellen brachten die im Amra Verlag erschienenen Bücher *Die Große Veränderung* und *Neue Zeit*. Sie enthalten neben seinen Arbeiten auch Channelings von Lee Carroll und Patricia Cori, die Kryon und den Hohen Rat vom Sirius durchgeben. Mit *Lebe in deinem eigenen Licht* erschien 2014 bei Koha ein Titel, der seine Botschaften der Hathoren und Maria Magdalenas mit Material von Wendy Kennedy verbindet, die Wesenheiten von den Plejaden channelt.

Tom Kenyons allein verfasste Bücher *Aufbruch ins höhere Bewusstsein* und *Lichtmedizin* sind Exklusivausgaben mit beiliegender CD, die bisher nur auf Deutsch bei Amra vorliegen. Ersteres enthält außerdem noch einen 16-seitigen Hathor-Farbfototeil von Judi Sion und Adrianne Koteen. Neben ausgewählten weiteren Texten versammeln diese beiden Bücher zusammen erstmals alle bis 2013 im Internet verbreiteten planetaren Botschaften der Hathoren. *Mit den Krokodilen ringen* ist eine weltweit bisher einmalige Exklusivausgabe der gesammelten Essays von Tom Kenyon. Sein Werk *Lichtboten vom Arcturus*, das gemeinsam mit Judi Sion entstand und zu dem getrennt auch die CD *Reine Liebe vom Arcturus* vorliegt, präsentiert das erste Ergebnis seines mentalen Kontakts mit gleich mehreren Arcturianern. In diesen Botschaften kommen zu Wort: ein Arzt, ein Wissenschaftler, ein Krieger, ein Bibliothekar der Akasha-Chroniken, ein Meditationsmeister sowie Sanat Kumara, Yeshua ben Joseph und Maria Magdalena. Sie werden eingeführt von den Hathoren.

Auch als Klangheiler ist Tom Kenyon eine echte Koryphäe. Er hat fast vierzig CDs produziert, darunter mehrere umfangreiche Sets. Neue Arbeiten von ihm sind in Vorbereitung.

Judi Sion ist spirituelle Lehrerin, Fotografin, Journalistin und seit vielen Jahren Wegbegleiterin und Gefährtin von Tom Kenyon. Sie war in Washington/DC auf dem Gebiet Kommunikation, Werbung und politische Beratung tätig, arbeitete als Zeitungskolumnistin, war einer der ersten weiblichen Radio-DJs in den USA und moderierte eine eigene Talkshow. Sie verbrachte sieben Jahre in der Mysterienschule ihres »Lehrers im Wind«. In jener Zeit entstanden ihre Bücher *Der letzte Walzer der Tyrannen, Finanzielle Freiheit* und *Ufos und die Natur der Realität,* die unter anderem ins Deutsche, Spanische und Französische übersetzt wurden. Sie hielt in den USA und Europa Vorträge über Ufos und Spiritualität und lernte aus Interesse an den Traditionen der nordamerikanischen Indianer fünf Jahre lang bei den Großvätern und Großmüttern verschiedener Stämme, darunter denen der Hopi. Seit dem Buch *Das Manuskript der Magdalena,* deren Botschaft sie überall auf der Welt verbreiten, schreibt sie oft auch gemeinsam mit Tom Kenyon. Zuletzt erschien sehr erfolgreich ihrer beider Buch *Lichtboten vom Arcturus.* Sie leben in einer Heiligen Beziehung.

Tom Kenyon
MIT DEN KROKODILEN RINGEN

Gesammelte Essays und Reiseberichte

336 Seiten, Hardcover, grünes Leseband
Amra Verlag, € 19,95 [D]

ISBN 978-3-939373-99-5

Ob es um das Haus der Beziehung geht, emotionalen Krebs oder
kämpfende Krokodile im Sonnenhof - immer erweitert der Autor
die Grenzen unseres Bewusstseins. Mit Beiträgen der Hathoren!

Gary R. Renard
DIE LIEBE VERGISST NIEMANDEN

Antwort auf das Leben

272 Seiten, Hardcover, rotes Leseband
Amra Verlag, € 19,95 [D]

ISBN 978-3-95447-036-5

Eins mit der Quelle sein, Raum und Zeit auflösen. Der neue
Bestseller von Gary Renard lehrt uns, wie wir diese Erfahrung
machen können. Ein echter Kickstart für spirituelles Denken!

LD Thompson
SEELENFÜLLE

Wege zum inneren Reichtum

272 Seiten, Hardcover, grünes Leseband
Amra Verlag, € 19,95 [D]

ISBN 978-3-95447-141-6

Wie können wir das ins Leben holen, was unseren Wünschen
entspricht? Durch die Verbindung mit der eigenen Seele. »Ich
empfehle es sehr als Lektüre und Übungsbuch!« - Sabrina Fox